廉政文化读本

独持清德
陈廷敬

钟小骏 著

山西出版传媒集团　北岳文艺出版社
·太原·

图书在版编目（CIP）数据

独持清德陈廷敬 / 钟小骏著． -- 太原：北岳文艺出版社，
 2015.11
ISBN 978-7-5378-4604-2

Ⅰ．①独… Ⅱ．①钟… Ⅲ．①历史故事－中国－当代
Ⅳ．① I247.8

中国版本图书馆 CIP 数据核字（2015）第 263947 号

书名：独持清德陈廷敬	著者：钟小骏	责任编辑：王朝军
		书籍设计：张永文

出版发行　山西出版传媒集团·北岳文艺出版社
地　　址　山西省太原市并州南路 57 号
邮　　编　030012
电　　话　0351-5628696（发行部）
　　　　　0351-5628688（总编室）
传　　真　0351-5628680
网　　址　http://www.bywy.com
E－mail　bywycbs@163.com
经　销　商　新华书店
印刷装订　山西万佳印业有限公司

开　　本　700mm×1010mm　1/16
字　　数　118 千字
印　　张　10.75
版　　次　2015 年 11 月第 1 版
印　　次　2020 年 9 月山西第 2 次印刷
书　　号　ISBN 978-7-5378-4604-2
定　　价　35.00 元

本书版权为本社独家所有，未经本社同意不得转载、摘编或复制

目 录

前 言 / 001

第一章　陈廷敬传略 / 005

第二章　独持清德陈廷敬 / 015
第一节　易代际汉臣难为 / 017
第二节　承家风声名有自 / 031
第三节　诚立言求真务实 / 059
第四节　勤治学以备民瘼 / 092
第五节　事功者独持清德 / 117

第三章　陈廷敬箴言 / 125

附录　陈廷敬年谱简编 / 129

前言

陈廷敬，字子端、樊川，号说岩、悦岩、月岩、午亭、半饱居士、午亭山人。山西泽州人。

陈廷敬的原名叫"陈敬"，陈廷敬之名是顺治十六年（1659）更改的。顺治十五年（1658），陈敬考中进士，选为庶吉士，因该科馆选中有人与他同名，便奏请顺治帝更名，顺治帝准奏，便在其"敬"字前加了一个"廷"字。

陈廷敬的二世祖以前，家居山西泽州永义都天户里，即今泽州川底乡。其二世祖陈秀于明宣德四年（1429）徙居阳城县郭峪中道庄，即现在的皇城村。明崇祯十一年（1638）十一月二十七日（12月31日），陈廷敬即降生于此，死后亦葬于中道庄的静坪。但因户籍未曾变更，故其家纳税以及陈廷敬参加科考填写籍贯时，仍写为泽州人。

以上信息，解决了新闻学当中要求的when，

where，who（时间、地点、人物）的问题，5W中其余两条的what和why（发生什么，为什么发生），应该是构成一篇好新闻的叙事重点。不过，这毕竟不是一篇新闻，而是一部传记，所以，我们面对的问题实际上要更复杂一点，那就是，能不能提出一个正确的问题，或者说找到一个更好的切入点，从而把一个人的一生清晰地，或者比较清晰地叙述出来。既能让人看到脉络，一以贯之的东西拂去掩盖，又不让人觉得牵强，不是为了附会而把一些所谓的主题或者思想强加于上。

要达到这样的目的，实际上需要强大的学养与深厚的积累，并且还要有长时间的材料准备。毕竟，对一个真实的历史人物，不能戏说，不能虚构，"知之为知之，不知为不知"，言必有出，论必有据，才能有说服力。好在之前有几位老师已经做了很多这方面的工作，他们都是这个领域的专家，并且各自把自己的结论形成了文字。因此我今日能够不揣冒昧，完成这样一部作品，实在应该感谢他们。他们是：任茂棠、魏宗禹、李正民、郭万金、卫庆怀、马甫平、李豫、段进莉。

当然，即使具备了丰富的材料，因为"一切历史都是当代史"的原因，又因为"远近高低各不同"，不可避免地，会因为作者个人的观点、角度不同而对同一材料做出不同解读，从而得到不同的结论。这无关对错，如何抉择，只是各花入各眼的问题。

而关于人物传记的创作体例，古今中外，洋洋大观，从来没有统一的标准。成功与否，或者说成立与否，只看是否能够完成作品的第一目的：让读者更清晰地明白你的主人公。如果能够帮助读者形成他对这一历史人物的独立看法，庶几幸甚！

第一章 陈廷敬传略

陈廷敬（1638—1712），字子端，号说岩、悦岩等，晚号午亭，清代泽州（山西晋城市阳城县）人。历任经筵讲官、工部尚书、户部尚书、文渊阁大学士、刑部尚书、吏部尚书，《康熙字典》总纂官等职。

陈廷敬 像

陈廷敬,字子端,号说岩、悦岩、月岩、午亭、半饱居士、午亭山人。山西泽州人。生于明崇祯十一年(1638)十一月,历任经筵讲官,工部尚书、户部尚书、文渊阁大学士、刑部尚书、吏部尚书,《康熙字典》总纂官等职。清康熙五十一年(1712)四月卒,终年七十五岁。

陈廷敬原名"陈敬",顺治十六年(1659)改为"陈廷敬"。陈廷敬出生后不久,中国开始步入"康乾盛世"。陈廷敬不仅是为"康乾盛世"做出过突出贡献的政治家,在诗学、经学方面也颇有造诣。

陈氏家族,自三世祖以来,便是"以儒为业",重视读书、功名,堪称书香世家。家庭的文化氛围熏染了陈廷敬,加之他天资聪颖,所以在青少年时期,他的学业成绩就特别优异。据他回忆:"吾六七岁以塾师受句读,见左氏尚书传喜而窃诵之,虽诃其不急,弗顾也。家故多书……乃尽发其新旧书得纵焉。"可见,从六七岁时,陈廷敬已开始博览群书。七岁那年,他读了理学家薛瑄的著述,"即知向慕",遂立志以薛瑄为师。九岁时,他写了一首诗《咏牡丹》:"牡丹春后开,梅花先春坼。要使物皆春,定须春恨释。"母亲张氏见后大喜曰:"此子欲使万物皆其所也!"塾师王先生见其学问精进很快,自感力不能逮,遂向陈廷敬的父亲辞职说:"是儿,大异人,非我所能教也。"

顺治八年(1651),陈廷敬十四岁,"赴试潞安府,以童子第一入州学。"娶明吏部尚书王国光玄孙女为妻。

顺治十一年(1654),陈廷敬十七岁,赴省城太原参加乡试,未中。顺治十四年(1657)再次参加乡试,中举人。

顺治十五年(1658),陈廷敬十八岁,应会试时,中进士,名列三甲第195名,随即被选为庶吉士。

陈廷敬在庶吉士学习期间,颇受顺治帝赏识。顺治帝常召见他谈话,赞扬他的学业,并"延问如家人"。在庶吉士未散馆前,陈廷敬就曾充任会试同考官。

顺治十八年(1661)五月,时顺治帝已薨,康熙帝继位。陈廷敬以"散馆第一"被授予内秘书院检讨一职。从此踏上仕途生涯。

康熙元年(1662),即授检讨第二年,陈廷敬因"母病"请假返乡,在家中待了三年。其间,他除侍奉父母外,主要专注于理学研究,兼及游览故乡山水,写诗作文。学问亦有长足进步。

康熙四年(1665),陈廷敬假满返京,"仍补检讨"。

康熙六年(1667)九月,陈廷敬三十岁,被任命为《世祖实录》纂修官。本年在朝廷对京官的考察中,陈廷敬为"考察一等称职",被封为正七品"文林郎"。诏书中称他"品行端凝,文思渊博,简居词苑,奉职无愆。"。

康熙八年(1669),又擢为正六品国子监司业。任此职虽止一年,但他"正身董教",颇有作为,其间取消了国子监学生入学谒见祭酒以下官员必须携带见面礼的陋习。

自任国子监司业起,短短三年时间,陈廷敬连年升级,五次升迁。特别是兼任日讲起居注官后,他开始成为康熙帝的近臣。在兼任此职的八年时间里,凡是陈廷敬年终轮值,均要撰写年终总结性记述,足见其尽职尽责。

康熙十二年(1673)九月,清朝举行武会试,"以大学士冯溥为武会试正考官,侍讲学士陈廷敬为副考官"。在武会试中派学识渊博的词臣任考官,加强对武举们策论的考查,是康熙帝为改革前代武会试中的弊端,以达"重武兼重文"目的而采取的措施之一。陈廷敬深表认同,在他看来,"此非难武士也,诚重之也。夫武而不文,其人任卒伍而不足任偏裨,任偏裨而不足任大将者也。兵家言者,毋逾孙、吴、吕、李、司马、尉缭诸书,今武士合而治之"。这也反映出他极强的施政能力。

康熙十四年(1675),陈廷敬升詹事府詹事,兼翰林院侍读学士。后又授通议大夫,兼任经筵讲官。陈廷敬的品级也从正四品擢为正三品,进入清王朝高官之列,乃康熙帝的"文学禁近"之臣。

康熙十七年(1678),陈廷敬入值南书房,此时已是恩宠极隆。正当他平步青云之际,母亲张氏因病逝世。次年正月,返籍为母亲丁忧守制。

为母丁忧期间,陈廷敬对家乡教育腐败衰落的现状极为痛心,分别写信给省提学、本地学官以及里中乡绅,希望上下一心,力挽颓风。在给刘提学的信中,他毫不掩饰地揭露存在于当地教育中的种种贪贿之风,要求刘提学"大破情面,力革陋规",对"前项旧弊,痛加扫除"。

康熙二十年(1681)十一月,陈廷敬守制期满回京。丁忧前的全部官职得以恢复,并被封赠为通议大夫。此时正值三藩平定,朝廷亦正在用人之际，康熙帝对陈廷敬更加信任和器重。

康熙二十一年（1682），陈廷敬仍任翰林院掌院学士、日讲起居注官、经筵讲官。这一年，他最主要的工作是给皇帝进经，达50多次。

康熙二十三年（1684）正月，清廷又调陈廷敬为吏部左侍郎管右侍郎事。两个月后，临时任命陈廷敬与兵部侍郎阿兰泰等人一同管理钱法。

陈廷敬先从铸钱局入手。他亲自监督，清除铸钱过程中的浮收、冒领等积弊，消减铜耗量，节省工料。在整顿铸钱的同时，他对造成钱贵银贱的原因进行了调查，认为是奸宄不法之徒因厚利所诱，故铤而走险，毁钱为铜，即便律令对毁钱者的惩罚很重，也不能禁止。为此，陈廷敬提出两条意见：其一是减轻铜钱重量，其二是允许百姓开采铜矿。均得到朝廷采纳并施行。

陈廷敬管理钱法不到半年，即被提升为都察院左都御史，仍兼管钱法。为继续整顿钱法风纪，上任后不久，他便偕同有关钱法官员立誓，要求有关包揽办铜人员，力戒一切陋规。在此期间，陈廷敬态度严谨，措施适当，而且以身作则，用自己的廉洁作风影响着有关人员。

因都察院专司国家风纪，陈廷敬在任左都御史期间，除兼管钱法之外，基于他的利民、便民思想，在提倡廉政、整顿官风等方面，曾向皇帝提出了一系列建言。在社会治安方面，也采取了许多整顿措施。

他建议皇帝从衣冠、舆马、用具、婚丧之礼等处入手，整顿官吏奢华积习，培养勤俭之风。为"振兴吏治""官奉其职"，他建议"有未经考试遂行捐纳者，于选除之时仍行考试，文义略晓者即与录用，否则且令肄业，听其再试。"陈廷敬认为，督抚要完成自己察吏安民的任务，首先自身要廉。所以他建议"皇上之考察督抚，则以洁己教吏，吏得一心养民、教民为称职，否则罢黜治罪。"此外，他还上疏参劾云南巡抚王继文，揭发他趁云南结束用兵之际，"亏损国课""侵没饷银"，请皇帝"敕部检查。"后王继文被罢官，"由是风纪整肃，中外大小吏莫不动神惶恐。"

康熙二十三年以来，京畿地区盗贼横行，陈廷敬下决心治理。他先对北京城内的"地方民生利弊莫不留心访察"，亲自撰写《严饬禁剔病民十大弊以靖地方以安民生事》，作为都察院的堂示发布。所列举的"十大弊"，既包括盗贼、抄抢等刑事犯罪，也包括赌博等社会陋俗和民事纠纷；既涉及民间犯罪，也涉及不良官风。尤其是对地方官吏的种种不法行为，堂示中揭示甚详，从而抓住了北京城内盗贼横行的根本原因。

陈廷敬任左都御史的同时，还兼任《圣训》《政治典训》《平定三逆方略》、《皇舆表》《明史》《大清一统志》总裁官，负担颇重。尽管如此，他对待编纂工作，也多是亲自钻研，一丝不苟，常常和撰稿人员反复研讨、校对。

康熙二十五年（1686）到康熙二十七年（1688），陈廷敬先后任工部尚书、户部尚书、吏部尚书。在尚书任上，陈廷敬一如既往，政治清廉，工作务实。

任户部尚书时，他要求属下官吏一定要"无私欲"，且"业精于勤"。他身体力行，"正己以勉诸司"，并对部下以诚相待。

任吏部尚书时，他曾上疏康熙帝，对官吏补缺、举人裁取等问题，提出诸多切中时弊的改进意见。

康熙二十七年（1688），陈廷敬因亲家张汧贪腐案，自请解任吏部尚书。

张汧案被揭发时,康熙帝曾当面询问陈廷敬:"张汧居官何如?"廷敬回答道:"张汧系臣同乡亲戚,性行向来乖戾。"陈廷敬之心公德正,此言可鉴。

解职期间,陈廷敬利用这难得的余暇时间,写成《杜律诗话》,并撰写了许多文章。在给于成龙作传时,他充分肯定了于成龙作为廉吏的高风亮节,也反映出他洁身自好、不与世浊的心态。

康熙二十九年(1690)二月,陈廷敬被重新起用,这表明张汧案对陈廷敬的影响已经过去,其仕途又进入了一个新的阶段。

从康熙二十九年(1690)至康熙四十二年(1703),陈廷敬的经历和任职情况如下:康熙二十九年二月,再次任左都御史;两个月后,再次任经筵讲官;七月,转任工部尚书。康熙三十年(1691)六月,转任刑部尚书,同年七月,因父亲陈昌期病故,回籍守制。康熙三十三年(1694)三月,转任户部尚书。康熙三十七年(1698)五月,复值南书房。次年十一月,又调任吏部尚书。陈廷敬自康熙三十一年以后任各部尚书期间,都享有正一品光禄大夫的封阶。

在陈廷敬后半生近十四年的宦海生涯中,他更为勤谨事功,廉洁守正。他认为言官的建言有关民生利害,"臣思科、道之设,所以广耳目而申献纳,于人才之邪正,吏治之贪廉,事关生民利害者,必正言无隐,而后克副斯职"。所以奏请康熙帝剪除言官陋习,以使言官,第一,遇有不法者,"则当切实指陈",不得只"毛举细故","欲以塞责了事";第二,"凡有建白,不许预闻于堂官僚友",并杜绝他人"请谒",以防"嘱托之弊";第三,言官"言不轻发,发而必当";第四,有些官吏上疏进言,"冗长之词多,论事之言反少""章疏拉杂,闲文冗沓繁芜",今后"进言之体,贵乎简明"。

任左都御史期间,陈廷敬以向皇帝"进言为己任",积极推荐既贤且廉的官吏。灵寿县县令陆陇、清苑县县令邵嗣尧经他推举"擢为御史"后。有人质疑邵嗣尧这样的刚毅之人"易折且多怨,恐及公"。他回答说:"果贤与,虽折且怨,庸何伤。"

任刑部尚书期间,陈廷敬提出了"刑官之要"四条:一要"格非心",匡正一切邪念,严禁"枉法行私,招摇纳贿";二要"审律例",凡大小案件都要依律执行;三要"清堂规","堂上必须清肃";四要"惩猾吏",严禁差役横行,严禁吏卒吓诈、虐索,严禁欺辱女犯,严禁赃罚错漏,严禁号件遗漏。

陈廷敬从"民本"思想出发,重视对百姓施行教化。曾重新刊刻《小儿语》和《宗约歌》,劝人知法守法,读来通俗易懂。

复任户部尚书的五年中,他坚持务实精神,政绩显著。姜宸英曾评论说:"其……务以省费节用,藏富于民,而为国家千万年根本之计。"他积极协助康熙帝推行"蠲免赈济"政策,对因自然灾害或战争波及的山东、河南、安徽、江苏、浙江等省份的经济恢复和重建起到了关键性的作用。

陈廷敬为官一生,廉洁奉公,小心谨慎。可用清、慎、勤三字来概括。所谓清,即清明廉洁;所谓慎,是指其为官谨慎小心,待人处事上"老成、宽大",政治生活上"慎守无过";所谓勤,是指他为官勤奋,极为敬业。

康熙四十二年(1703)四月,康熙任命陈廷敬为文渊阁大学士兼吏部尚书。他从此升为清朝文官中的最高级官吏,日常工作也越发忙碌和紧张起来。除了处理政务之外，他仍兼任南书房总管，编书任务特别繁重。在任大学士的九年间，他先后主次纂修《明史》《平定朔漠方略》《玉牒》《佩文韵府》《康熙字典》等多部国家重要图书典籍。

康熙四十九年（1710），陈廷敬"以原官致仕"，但仍留住北京，继续修书。

康熙五十年（1711），大学士张玉书随皇帝巡视热河途中因病逝世，年已七十三岁的陈廷敬奉谕第二次入阁任大学士。

康熙五十一年（1712）二月，以耄耋之年继续在内阁办事的陈廷敬终于积劳成疾，卧病不起，经两个多月的治疗无效，于四月十九日（5月23日）病逝于北京宅邸。

陈廷敬逝世后，康熙帝作挽诗悼念："世传诗赋重，名在独遗荣。去岁伤元辅，连年痛大羹。朝恩葵秉励，国典玉衡平。儒雅空阶叹，长嗟光润生。"并予以隆重祭奠，谥号文贞。

另，陈廷敬自考中进士并被选为庶吉士后，便走上了做官兼治学的道路。他不仅为官清正廉明，治学上亦严谨勤奋，造诣很深。

陈廷敬之所以致力于学问，最根本的，是他自己的人生价值取向。在他看来，既要为官，就必须坚持"以民为本""力行教化""厘剔夙弊"，为国富民强殚精竭虑。而要达此目的，为官者必须深研经史。也就是说，他的治学是要"探六艺之秘微""索乎历代盛衰之故"，以"备国家异时之实用"。

无论是做人、为官、治学，陈廷敬正如其名字中的"廷敬"二字，真正是敬于廷，而事于功。

第二章 独持清德陈廷敬

陈廷敬于顺治十五年（1658）考中进士，考虑到顺治皇帝在顺治十八年（1661）就以"疑案"形式离开了政治中心，所以陈廷敬的仕途生涯几与"千古一帝"康熙一同展开。

第一节　易代际汉臣难为

　　感盘古开辟,三皇治世,五帝定伦,世界之间,遂分为四大部洲:曰东胜神洲,曰西牛贺洲,曰南赡部洲,曰北俱芦洲。这部书单表东胜神洲。海外有一国土,名曰傲来国。国近大海,海中有一座名山,唤为花果山。此山乃十洲之祖脉,三岛之来龙,自开清浊而立,鸿蒙判后而成。那座山正当顶上,有一块仙石。其石有三丈六尺五寸高,有二丈四尺围圆。三丈六尺五寸高,按周天三百六十五度;二丈四尺围圆,按政历二十四气;上有九窍八孔,按九宫八卦。四面更无树木遮阴,左右倒有芝兰相衬。盖自开辟以来,每受天真地秀,日精月华,感之既久,遂有灵通之意,内育仙胎。一日迸裂,产一石卵,似圆球样大,因见风,化作一个石猴,五官俱备,四肢皆全。

这是一般人认为的《西游记》天降石猴的开端,实际上这之前还有一段:

诗曰：

混沌未分天地乱，茫茫渺渺无人见。

自从盘古破鸿蒙，开辟从兹清浊辨。

覆载群生仰至仁，发明万物皆成善。

欲知造化会元功，须看《西游释厄传》。

盖闻天地之数，有十二万九千六百岁为一元。将一元分为十二会，乃子、丑、寅、卯、辰、巳、午、未、申、酉、戌、亥之十二支也。每会该一万八百岁。且就一日而论：子时得阳气而丑则鸡鸣，寅不通光而卯则日出，辰时食后而巳则挨排，日午天中而未则西蹉，申时晡而日落酉，戌黄昏而人定亥。譬于大数，若到戌会之终，则天地昏曚而万物否矣。再去五千四百岁，交亥会之初，则当黑暗，而两间人物俱无矣，故曰混沌。又五千四百岁，亥会将终，贞下起元，近子之会，而复逐渐开明。邵康节曰："冬至子之半，天心无改移。一阳初动处，万物未生时。"到此开始有根。再五千四百岁，正当子会，轻清上腾，有日有月有星有辰。日月星辰，谓之四象。故曰天开于子。又经五千四百岁，子会将终，近丑之会，而逐渐坚实。《易》曰："大哉乾元！至哉坤元！万物资生，乃顺承天。"至此，地始凝结。再五千四百岁，正当丑会，重浊下凝，有水有火有山有石有土。水火山石土，谓之五形。故曰地辟于丑。又经五千四百岁，丑会终而寅会之初，发生万物。历曰："天气下降，地气上升；天地交合，群物皆生。"至此，天清地爽，阴阳交合。再五千四百岁，正当寅会，生人生兽生禽，正谓天地人，三才定位。

故曰人生于寅。

吴承恩（假如真有这样一个人，并且真的是由他创作了《西游记》——学界对此一直未有定论）并不是一上来就说猴子如何神通广大，或者换句话说，他在用一种更高级的形式讲这个问题，他给大圣提供了一个巨牛的出身背景，用专业的术语来讲，叫作"根脚"。

在另一部古典巨著《封神演义》中，这一点表现得颇为明显。《封神演义》中的上古大能们个个根脚不凡：一气化三清的那三位直接就是"量劫"（量之劫，指能量不平衡，只有吸收，没有释放，也没有源源不断产生新能量，这才会有"量劫"。唯有使之因杀劫而重归自然，天地能量才会重归平衡）的起因和主角，而出身就是"一气"——盘古的神魂；西方教二祖则一个是宇宙中第一株菩提，一个是天地中第一朵金莲。除此之外还有第一头大鹏鸟——鲲鹏妖师，第一朵云霞——红云老祖（差点成圣）。天地间的第一枚金钱则具有不可思议的魔力——落宝金钱。无宝不落，几乎就是现代商业大潮冲击下金钱力量的真实写照。

以上种种，并不是凭空的写法。《史记·高祖本纪》这样写：

> 高祖，沛丰邑中阳里人，姓刘氏，字季。父曰太公，母曰刘媪。其先刘媪尝息大泽之陂，梦与神遇。是时雷电晦冥，太公往视，则见蛟龙于其上。已而有身，遂产高祖。

什么意思呢？就是说汉高祖的母亲有一天出门，没有及时回家，住在了水边。结果那天天气不好，高祖的父亲出去找媳妇，就看到有一条龙趴在媳妇身上，叫醒后一问，媳妇说了，正做春梦呢，春梦的主角是神仙。之后一回家就发现有了身孕，生下来就是高祖。

这是汉高祖刘邦的故事，之后，生活在汉朝的作者司马迁还给开朝皇帝安上了种种神异：当地的酒家老板能够看到龙形缠绕在醉倒的刘邦身上，所以容忍刘邦欠酒钱欠一年，并且之后还主动销毁账册；醉酒之后斩白蛇，则是赤帝之子斩白帝之子；被通缉之后躲到深山之中，结果吕雉每次都能找到他，因为隐藏处有"五彩云气"。

千载之下，我们对以上种种做出了不同的解读：

秦末礼仪未备，人多野合，由此可知高祖皇帝的血统很可能不纯。酒店老板之事如果从黑社会的角度来解释，可能比看到龙更让人容易相信。毕竟，即使在《史记》当中也承认刘邦年轻的时候是个二流子混混，将免去的酒钱看作所谓的"保护费"更合理一些。赤帝之子的传说是在刚刚起兵的时候传出来的，与后世的"黄河石人一只眼"（元朝末年，朝廷强征民夫修治黄河决口。民工挖河时，在河滩上发现一独眼石人，其实是韩山童、刘福通事先埋于此。是时，流传于民间的谣谚"莫道石人一只眼，挑动黄河天下反"得以应验。韩山童、刘福通遂聚众三千人起义，以红巾为号，称"红巾军"）"河中获鲤，鱼中有书"（秦朝末年，陈胜、吴广在帛上用朱砂书写"陈胜王"三字，藏于鱼腹中，之后把鱼偷偷放进网中，待士卒买鱼烹食，得鱼腹中书，遂相信陈胜为王属天意）之事都是一个意思，是用来坚定下层士兵的信念——领导者不凡。至于所谓身带云气，藏在山中被找到这样的事，更容易解释。吕雉是谁？大名鼎鼎的吕后，刘邦的结发妻子，刘邦起家时的启动资金提供者，她怎么能不知道合作伙伴的位置呢？只是在骗别人，增加神秘感罢了！

被誉为经典，史家之绝唱、无韵之离骚的《史记》这么一作，可为滥觞！后世书家都按照这个套路来写。在野者赤膊上阵，写到岳鹏举就说前世是金翅大鹏鸟，写到水泊梁山就说"张天师祈禳瘟疫，洪太尉误走妖魔"（第一回），一百〇八将原来是早已注定的如何如何，封魔殿中，碑上有载。而在朝者也不遑多让，皇帝上尊号道号佛号者史不绝书，大臣也隔三岔五地就出现几个出生时天有异状、落地后几为哪吒的家伙。"只见房里一团红气，满屋异香。有一肉球，滴溜溜圆转如轮。""分开肉球，跳出一个小孩来，遍体红光，面如傅粉。"

并且，随着时间的推移，这套风气发生了一点异变：之前还都是说前人，说皇帝，说别人，渐渐地就开始说到了自己身上，家人说，朋友说，同僚说。后世学界曾经有过研究，这番风气之所以兴盛，其实质是"君权"和"相权"之争。大臣们开始自我宣扬神异，实际上就是在争夺君上的威权。而中国历史上君权最弱的朝代就是宋朝，所以从宋仁宗开始，文彦博说出那句著名的"为与士大夫共天下"之后，不光是君权神授，臣，尤其是大臣的权也成为神授了。文臣们开始了集体的吹捧与自我吹捧，大臣出生时如无一番异象，站在朝堂之上都会不好意思和同僚们打招呼。这期间，如果说臣权还没有凌驾于皇权之上，那最起码也是处于平等的位置。（题外话说一句，这也是为什么后世文人那么羡慕宋朝的原因，所谓"不杀士大夫"，实在不是因为皇帝不想杀，是因为没能力杀。）

这风气一直持续到明初。朱元璋是个和尚，这一点正史有载，野史中还说朱元璋是摩尼教徒。宗教出身者在蛊惑人心方面造诣高深，一点都不让人意外，意外的是在民间传说中，刘基，也就是刘伯温的神位竟然高过了皇帝。"前有诸葛，后有刘基"，所谓"运筹帷幄"还是人间气象，可之后的斩天龙、断天梯等等就已然是仙人行为了。

这实际上是非常不正常的，假如这件事发生在宋朝还好说，甚至有可能成为美谈，就好像当年初出江湖的王安石一样。然而，这毕竟是在从异族手中夺回汉家江山的开国皇帝手下，并且这位开国皇帝还是从最底层一路杀将上来的，怎么可能允许臣下的威望超过自己呢？所以，臣子的形象异化到这里就已经是最后的高峰。肇明之后，朱元璋杀大臣杀得极狠，中央集权在他手里重新登峰造极。历史上能够和他相比拟的只有始皇帝，而此时即使没有把汉家领土全部恢复（还有很大一部分的西北边疆不在帝国版图之内），明王朝的实际控制领土也还是大大超过了秦，并且三省六部只有六部没有三省，宰相的位置也是昙花一现。后来的大学士制度建立之初的实际意义也只是秘书，"以备顾问"。如此种种都只为一个目的：这个天下，我说了算！换句话说，君权终于再次完全凌驾于臣权之上，就像《圣经》中所说："除我之外，不可有别的神！"

所以，终有明一朝，还能够大声说自己出生即不同的只有一个张居正。单从时间上来看他真的是愚不可及——这就是标准的"逆潮流而动者"。可要是结合张居正个人的经历来看，其原因还是可以理解的：正儿八经的权倾天下，内外朝联手——李太后对张居正的信任近乎不可理喻——中间负责联通的是大珰冯宝。查看当时的典籍，李太后曾不止一次地威胁过皇帝准备"哭庙"，而当时没有任何掌控力的万历小皇帝实际上只有屈服一条路。外无朝臣呼吁，内有母后掌管六宫，身边的人也尽是冯宝的徒子徒孙，（最起码清朝的小皇帝玄烨身边还有几个小力士、小布库跟着呢！）所以一旦反抗，真的有可能就被换掉。换句话说，张居正当时行使的实际上就是皇帝的权力。这一点从他自己的生活极尽奢侈，但却要求万历皇帝厉行节约便可以看出来。自古以来，正常的朝廷制度之下就没有这样欺负皇帝的。这个时候，张居正高估自己的力量，并进而想挑战一下皇权，就不是不能理解的了。但这毕竟不是二百年前的宋朝，时代已经变了。结果落得生前煊赫，死后鞭尸。再之后，即使号称"众正盈朝"的东林巅峰，大家吹捧与自我吹捧之时，也只是说生有宿慧，开眼能诵等等，奔着"圣人"去，而不是神人了。

有句话叫"汉承秦制"，又有"南朝承魏晋，北魏开隋唐"之说，意思很简单，新朝初建，没有前朝那样成熟的制度和足够的官员，所以为了顺利行使统治，就会照搬，或者大量借鉴前朝的制度，也会大量招收前朝的官员。既然人和制度都一样，官场生态的变化也就不会太大。清朝说是击败"大顺"，甚至一段时间还打出过给"大明"报仇的幌子，但实际上继承的就是明朝的江山（崇祯皇帝在城破之后曾经敲响景阳钟，竟然无官员前来救驾，可想而知这些官员最后的去向），自然也适用这一原则。因此在政治制度方面继承的就是中央集权这一套，磨合之时还改掉了自己一直奉行的"合议制"，可以想象，他们在这一方面的决心有多大。并且，由于是异族入主中原，所以在打击臣权、增加自身"神授"的神秘感方面更加不遗余力——清朝是历朝历代中唯一出现过"活佛"尊号的皇帝的朝代。因此也可以想象，清朝近三百年的时间内，没有神仙转世，没有天神下凡，偶有几个"圣姑""佛陀"之类的，还都是白莲余孽。隐约记得纪晓岚似乎曾经被称为"文曲星"下凡，不过这个说法在科举时代已经被滥用了，和前面说的不是一个意思。并且文辅武弼，本来这个称呼就是为了辅助更高层统治者的，反而很像一个高级马屁：星宿下凡辅助，不更证明皇帝是神仙？

所以，从制度上说，在清朝当大臣，远比在中国历史上任何一个朝代都要难。

1616年，努尔哈赤建国后金，1618年发布"七大恨"，开始了与明王朝之间的正面战争。这场战争在1644年甲申年方告结束，崇祯煤山自缢，明亡，清迁都北京。也正是在这一年，前一年登基的福临祭祀天地，定元"顺治"，时年陈廷敬七岁。

把这一年单独拿出来叙述，不仅仅是因为这一年的标志性，还因为这之后的一系列事件都以这一年的天干纪年来命名，史称"甲申之变"，

清太祖　爱新觉罗·努尔哈赤

但是更符合人心的称呼则是"甲申国难"。是的，这一年以及之后的一段时间内发生的就是我们大家都知道的"扬州十日""嘉定三屠""江阴惨杀"。如果更详细一些，还有"辽东之屠""昆山之屠""常熟之屠""湘潭之屠""南昌之屠""潮州之屠""同安之屠""广州之屠""南雄之屠""大同之屠"。要是再详细一点，还能再列出许许多多，但我想大家已经都明白我想表达的意思。这并不是一场正常的战争，其中表现出来的一个民族对另一个民族的看法，实际上就是血淋淋的种族仇恨。因为在最初，清朝并没有想要"征服"整个大明，屠杀之时自然不会想到这将来会是自己的子民，因此毫无怜悯之心可言。随着时间推移，上层的统治者们逐渐意识到了在这片土地上成为统治者的可能性，这才让自己的手段变得缓和下来。所以大家换位思考一下，当刚刚还挥舞屠刀的手伸出来想要和你握手的时候，愿意屈从的，都是已经吓破胆的人，而那些有点骨气的，应该会直接将伸过来的手打掉。因为一旦屈从，性质就变了。对此，一个打掉伸过来的手的人说出了这样的一句话："天下兴亡，匹夫有责。"这里的"天下"是有特指的，为此这个人专门说了另外一句话来解释："有亡国，有亡天下。亡国与亡天下奚辨？曰：易姓改号，谓之亡国。仁义充塞，而至于率兽食人，人将相食，谓之亡天下。"这个人，生活在明末清初，他就是当时的大思想家，顾炎武。这段话的核心，就是民族之别与抗争之心。在他看来，明被清所灭，不仅仅是亡国，而是亡天下。亡国亡的是统治者之国，百姓仍可安居乐业；而亡天下，则关乎整个民族的存亡，所以必须奋起抗争。

然后我们来梳理一下明末清初甚至整个清朝的思想方面的状况，会惊讶地发现，如果排除已经到了皇朝末年的康梁等人为代表的"舶来"

式思想家,其实清之一朝,只有在这易代之际,才有几位可称得上是"大家"的人物:顾炎武、黄宗羲、王夫之等等。如果再联系之后即使在所谓"盛世"时也不能避免的文字狱,我们便会顺理成章地得出结论:清风不识字,何故乱翻书。

于是可知:考虑到当时尖锐的民族冲突,在清朝建立初期当一个汉臣,有多难!

顺治元年(1644),清朝定都北京,承明制设翰林院,主要掌管文史之士。但清廷于第二年,便将翰林院合并于清初曾设立过的内三院,

顾炎武

即"内翰林国史院""内翰林秘书院"和"内翰林弘文院"。到顺治十五年（1658），顺治帝为集中皇权，改内三院为内阁，另设翰林院。顺治十八年（1661），即陈廷敬所在的庶吉士散馆授官职之前，顺治帝逝世，康熙帝继位，辅臣专权，恢复旧制，复设内三院，将翰林院并于其中。康熙九年（1670），爱新觉罗·玄烨擒拿了鳌拜，随后削除辅臣专权，又将内三院改为内阁，再次恢复翰林院。

仅仅一个翰林院的设置，便体现着当时掌权者的意图，按照大臣—皇帝—大臣—皇帝的顺序变了四回。政治之诡谲，一览无余，又险恶如斯！

世人总以为当时的斗争和之前历代的少主强臣一般，无非是争夺权力的又一场戏码。那实在是小看了鳌拜。以当时鳌拜之煊赫，之地位（开国五大臣费英东之侄，灭明之战的方面军指挥官——入关后东路军将军，可称灭国之功，称号"满洲第一巴图鲁"，爵封"一等超武公"），身边一定会有人提醒、筹谋，所谓谋士是也。我的意思是，满洲人在传说中都爱听"三国"，更号称学《三国演义》中的"蒋干盗书"，使反间计骗得崇祯杀了袁崇焕。作为一名久经沙场、骁勇善战的老将，鳌拜又怎么可能不知道何进赤手空拳进皇宫，被太监持剑诛杀的故事呢？这可是《三国演义》中的第一篇，更是开启了三国时间线的大事件。鳌拜没理由不知道，他身边的人也没理由不提醒他。可他还是让一个乳臭未干的孩子（康熙八岁践祚，时年十七）带着一帮类似于学杂耍的小喽啰们，三下五除二，就把自己这在百万军中杀进杀出的疆场猛士拿下。更神奇的是，被拿下之后竟然一直被关在牢中，直到死去。就算鳌拜已经富贵日久，失去了勇士的尊严（"巴图鲁"就是满语中"勇士"的意思），不能自我了断,那对他恨之入骨,久被欺压,以至于做出了英明圣主才能做出的"清除国贼"举动的爱新觉罗·玄烨为什么在拿下他之后,竟然也没有立刻将之诛杀赐死,反而将这个仇人一直养了起来呢?这就很难解释了!所以说,从这个意义上来说,所谓康熙除鳌拜,实际上是当时的两个集团,甚至是两种思想之间的争斗。

集团,自然一边是皇帝,一边是大臣。回首历史,这样的事情已经发生了很多次:汉初,刘邦不喜自己当了皇帝之后还被当年一起起家的兄弟战友们平等对待,于是有了叔孙通治礼。朝堂肃然之后,汉高祖感叹道:"吾乃今日知为皇帝之贵也"。以兄弟义气著名,当年起家时号称"义社十兄弟",即使当皇帝都是因为战友部下强迫而黄袍加身的赵匡胤也一样。他在立朝之后,一想到臣下与自己一样都坐着椅子就心里不舒服,于是在登基第二天,他在宰相范质奏事时,专门让他上前把奏章递过来,并示意太监把范质的椅子搬走。当范质再回到原位时只能站着,其余的大臣们一看宰相都没坐的地方了,于是自己也都站了起来。宋太祖这才龙心大悦!由此来看,皇帝,实际上完全是另外一个种属的生物了,不能以人之常情视之。他们就是要高人一等,就是要高高在上。越是到后世,皇权带来的便利越多,这种心思也就越牢固。而女真呢?满族这个族名,尚且是努尔哈赤在兼并了五十多个小部族之后才祭告上天改称的,然后学着远交近攻,不停地和小部族结盟,不停地联姻蒙古,这才壮大起来。这样的族群,在开始的时候只能选择"合议制",只有这样才能平衡各个势力。可当他们进入中原,见识到了更先进的政治制度和中华文明之后,自然就有改变的心思,尤其是既得利益最大的皇族。可一旦完全按照中原文明设立一个高高在上的皇帝,那么其他原来的统治阶层立刻就会产生心理的不平衡；皇帝将从名义上的"最强者"变成"统治者"，他们的地位则会从"同盟者"变成"被统治者"，他们肯定不愿意，于是只能斗争。好在他们还保留着一点理智：作为小小二百万人口的民族，进入中原统治这么庞大的一个文明，绝对不能内乱。所以大臣一方不反，皇帝一方就不杀。这才是鳌拜能够不死的原因。也就是"康熙擒鳌拜"这件事的直接动因。

不过，"兴，百姓苦；亡，百姓苦"。上层斗争，风暴一定会波及下层，越是基层，动荡越大。作为当时绝对的人下人，汉族在这场政治斗争当中是最痛苦的。所以说，在顺治、康熙交替之间当一个汉臣，正好又赶上满族内部的制度变革和因之而起的朝堂大乱斗，对于陈廷敬来说，可谓难上加难！

陈廷敬于顺治十五年（1658）考中进士，考虑到顺治皇帝在顺治十八年（1661）就以"疑案"形式（所谓"董妃迷情，福临伤情"，出家五台山）离开了政治中心，所以陈廷敬的仕途生涯几与"千古一帝"康熙一同展开。回过头来看，不知幸是不幸！

清康熙帝（爱新觉罗·玄烨）

第二节　承家风声名有自

"我家太行尽处村。"这是陈廷敬写太行山的诗《洞阳山》的第一句，我特别喜欢，觉得有唐人气象，并且气魄高古。于是拿来做第二章的开头。

陈廷敬的籍贯曾经是个不大不小的谜题。

陈氏的先祖在明朝宣德四年（1429）由泽州的天户里迁居到阳城县的郭峪里，从此在这里安居乐业。也就是说，陈氏的先祖原是泽州人，明宣德四年之后就成了阳城人，到陈廷敬入阁拜相的康熙四十二年（1703）已经长达二百七十四年了。但陈廷敬为什么仍被称为"陈泽州""泽州公"或"泽州相国"呢？这是因为陈廷敬在考秀才、考举人以及考进士时要填报自己的籍贯，他当时填报的籍贯是山西泽州，而不是山西阳城。

在明代及清代的康熙年间，泽州和阳城县是两个各自独立的地理区划概念。泽州是直隶州，它的版图相当于现在的晋城市城区和泽州县版图的总和。也就是说，当时的泽州并不包括阳城县在内。阳城县及当时的高平、陵川、沁水四个县都是独立于泽州版图之外的。直到清代雍正六年（1728），泽州升格为泽州府，而原来泽州这一块土地则称为"凤台县",到了后来的民国三年（1914），又改成了"晋城县"。也就是说，清雍正六年之后的泽州府才成为比县高一级的行政区划，包括了凤台、高平、阳城、陵川、沁水五个县的版图。但这时陈廷敬已去世十六年了。而陈廷敬在世及以前的明代，泽州并不包括阳城县。

年龄比陈廷敬大一个辈分，与陈廷敬的伯父陈昌言是同僚，做过清顺治朝刑部尚书的阳城人白胤谦，在为陈廷敬的祖父陈经济所写的《赠御史陈公暨封太安人范氏墓志铭》中说，陈氏"始自泽州天户里，迁于阳城郭峪里家焉，今籍犹寄泽州"。白胤谦说得很明白，陈氏先祖虽然自泽州天户里迁于阳城郭峪里二百多年，但至今户籍还暂寄在泽州，并未迁到阳城。户口不仅涉及国家的赋税征收等许多重要事情，还因为科举考试录取秀才时各州县都有名额限制，陈氏族人考取秀才要占用泽州的名额，陈廷敬当然也不例外。所以陈廷敬在参加考取秀才以及后来参加考取举人、进士时所填报的籍贯均是泽州。

陈氏先祖迁居到阳城县，却把户口暂寄在泽州，直至陈廷敬死后，这种情况仍未改变。再之后，陈氏的户籍归入了阳城县，但归入阳城县具体是什么时候，至今未发现有明确的文献记载，根据目前的资料判断，应是在清雍正六年（1728）泽州升格为府、原泽州地命名为凤台县之时。原泽州不存在了，泽州府是更高一级的行政机构，不再管理县级的户籍，因此，陈氏才把户籍迁到了阳城县。

陈氏的户籍归入阳城县之后，随着时间的推移，陈廷敬以及陈氏家族的户籍暂寄于泽州这一段历史，逐渐不为世人所知。清道光六年（1826），阳城诗人延君寿在编辑《樊南诗钞》时曾在例言中写道："陈午亭隶籍泽州，实世居阳城。"延君寿对陈氏隶籍泽州的情况是清楚的，那是因为延君寿和陈廷敬的曾孙陈法于是很要好的朋友，常在一起诗酒唱和，对这一情况有所了解。而当时阳城县和凤台县的大多数士大夫对这件事恐怕就不甚了然了。

由于陈廷敬的籍贯被他自己认定是泽州，所以清乾隆年间编修《阳城县志》时，没有把陈廷敬的传记收入县志。后来，嘉庆、道光年间的阳城县学廪生田铭就写了一首诗，把这个问题提了出来：

宣德迁来二百年，析城初降相公贤。
文章勋业分明在，县乘如何不入编？

第一句"宣德迁来二百年"，是说陈廷敬的先祖在明朝宣德四年（1429）迁来阳城定居，到陈廷敬出生的明崇祯十一年（1638）已经二百零九年了，这里的二百是取其概数。第二句"析城初降相公贤"，这里的析城是指位于阳城县境内的一座山。传说商朝的成汤二十四年大旱，汤王曾经到析城山祷雨；大禹治水也曾经过这座山。《尚书》的《禹贡》篇中曾记载了这座上的名字，所以说析城山是一座名山，人们常把它作为阳城的代称。"相公"就是"宰相"。整句是说阳城县的山川灵秀孕育降生了宰相陈廷敬这样的先贤。第三句"文章勋业分明在"，"文章"是指陈廷敬为后人留下的著述，"勋业"是指陈廷敬为国家做出的贡献和创立的功业，这些都赫然在目，大家都能看到。第四句提出疑问，"县乘如何不入编？""县乘"就是"县志"，是指清乾隆年间编写的《阳城县志》。"县志为什么不把陈廷敬的文章勋业编进去呢？"这是一个反问句，答案则是肯定的。

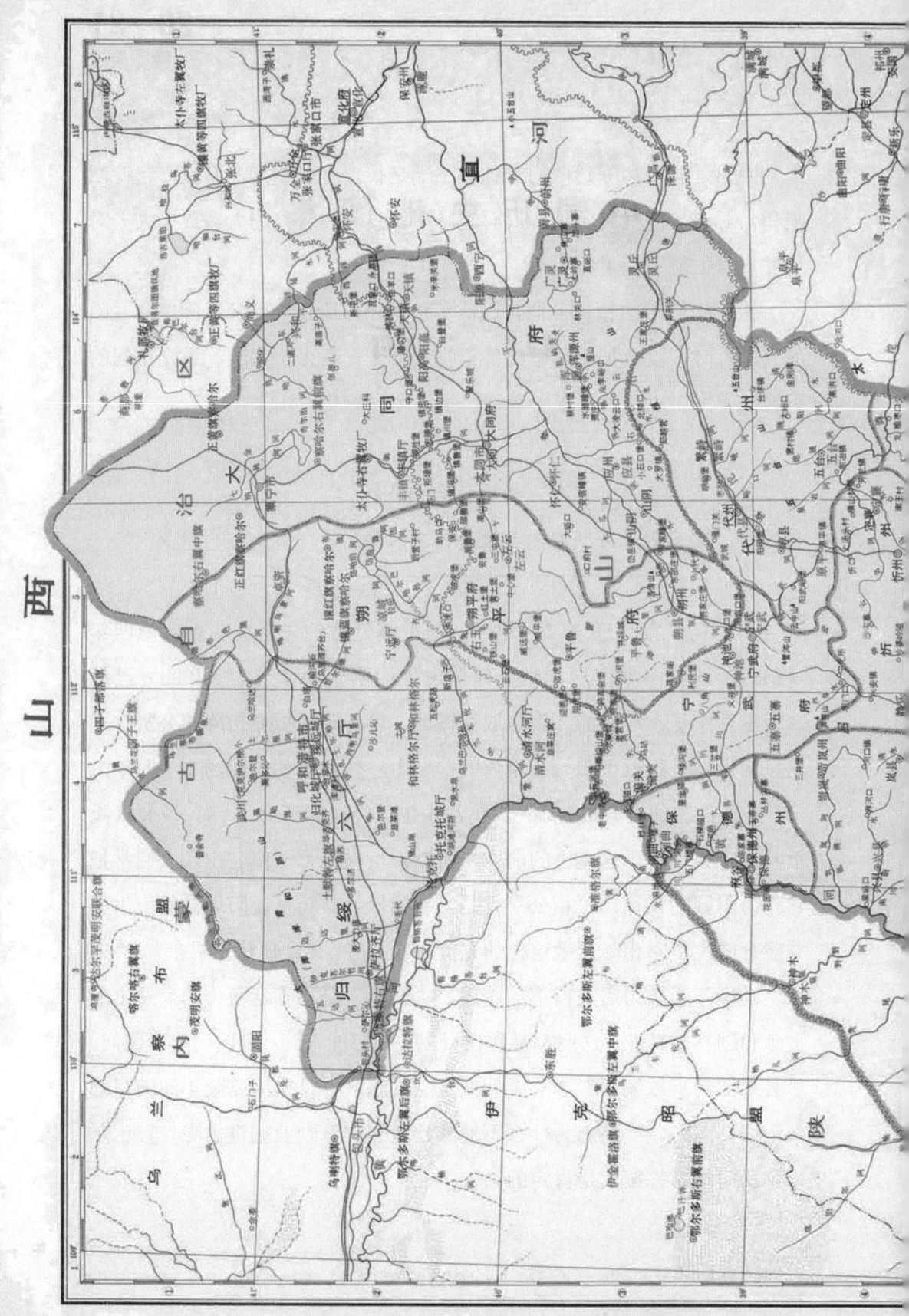

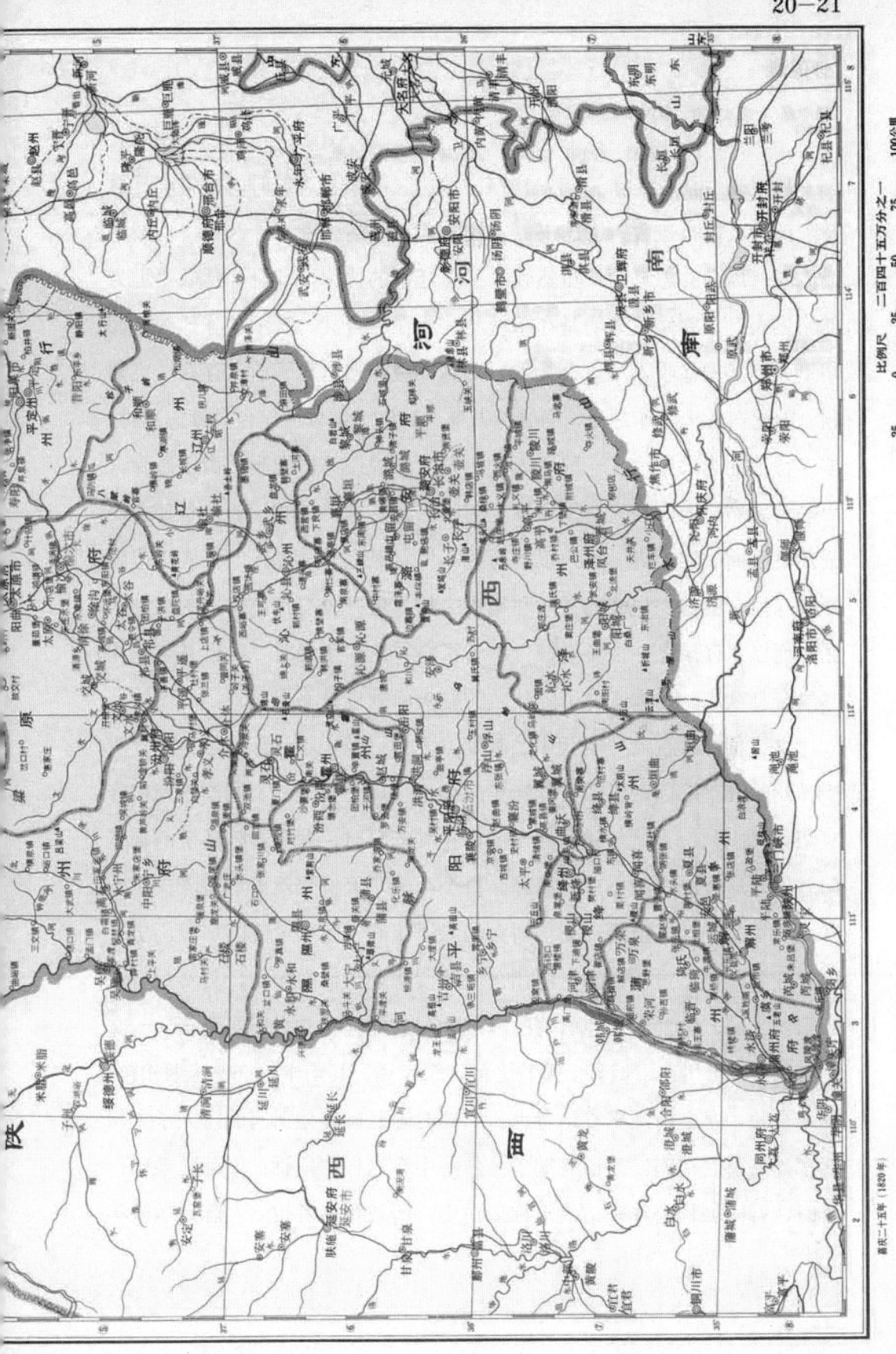

清嘉庆二十五年（1820）山西省地图

所以，到清同治十三年（1874）编修《阳城县志》时，便将陈廷敬及陈氏族人的事迹收入了志书。在这之前，即清乾隆四十八年（1783）编修的《凤台县志》中，虽然收录了陈廷敬的传记，却说陈廷敬"世为郭峪里人"。郭峪里分明是在阳城县，不在凤台县。既承认陈廷敬是郭峪里人，又把他收入《凤台县志》，这样做显然自相矛盾，存在一定问题。因此在九十九年之后，清光绪八年（1882）编修《凤台县续志》时，编者特地在志书中写了一段"人物纠误"，说："旧志列文贞于凤台，而书为郭峪里人。按凤台里中原无郭峪名目，非特自相矛盾，且使文贞公籍贯久而失实。谨录之，以备考核。"《凤台县续志》的编者指出乾隆版《凤台县志》记载的矛盾和错误之处，但并没有指出问题的症结所在，而以"谨录之，以备考核"不了了之。这说明当时《凤台县志》和《凤台县续志》的编者对于陈廷敬的籍贯问题也是不得要领。

从上面的情况看，清代中、晚期，人们已经弄不清陈廷敬自系籍贯于泽州的真正原因，以致清乾隆年间编修《凤台县志》、同治年间编修《阳城县志》、光绪年间编修《凤台县续志》时，编者对陈廷敬的籍贯问题均无法做出正确合理的解释。直至今天，人们仍然不清楚陈氏从明宣德四年（1429）至清雍正年间大约三百年间寄籍于泽州的那段历史。陈氏迁到阳城后虽然寄籍于泽州，但他们长期生活在阳城，其实是自视为阳城人的。陈廷敬在他所写的《故北直隶任县知县卢府君墓表》一文中就说："樊川在阳城万山溪谷之间，余家焉。其南半里许，墟烟相接，林木交映，邑之所谓郭谷镇者也。"同时陈廷敬在他所写的《太子太保兵部尚书总督江南江西谥清端于公传》中有这样一段话："陈廷敬曰：异时，吾阳城杨公继宗，天下称清白吏，所首指名者也。"陈廷敬晚年在《午壁亭》一诗中也曾写道："茫茫禹迹忆平成，午壁亭留汉代名。若问午亭归老处？析城山下是阳城。"从陈廷敬自己的说法中，明确指出了三点：陈廷敬的家就在阳城县，他自认是阳城县人，阳城县是他的归老之地。所以我们说，陈氏家族虽然隶籍于泽州，但他们长期生活于阳城，他们自己也是把自己当阳城人看待的。

阳城所在之处，是山西省东南端，黄土高坡从这里开始地势渐渐降低，融入河南的平原地貌。这个地理细节，决定了住在这里的山西读书人不一定必须家里有人经商提供经济动力，才能供给一个读书人。耕读传家，在这里是可能的。之所以这么说，是因为有一个普遍的误解：山西人，山西读书人，都是晋商的后代。这句话最起码在陈廷敬身上是不成立的。

陈氏家族从始祖陈靠、二世陈林、三世陈秀、四世陈珙、五世陈修、六世陈三乐、七世陈经济，发展到八世陈昌言、陈昌期、陈昌齐弟兄三人，已经成为方圆百里的富户巨族，到了非常兴旺的阶段。那么陈氏是靠什么发财致富的呢？有学者把陈氏家族定位为晋商的一支，但我们在陈氏家族的历史上没有看到经商的记载。陈氏的五世祖陈修虽然从事过鼓铸业，但属生产性的实业，并不是经营性的商业，而陈氏主要从事的还是农业，即前面讲到的耕田和牧羊。按照阳城的生产习俗，牧羊的用途也主要是用来卧地，即白天在野外牧羊，晚上把羊赶入地里休息，通过羊所拉的粪便肥田，所以说牧羊也是耕田所不可缺少的。陈廷敬之父陈昌期曾说："明季吾兄宦游于外，余以耕读摄家政，铢积寸累，薄成基业。"陈廷敬也说："吾家自上世已来虽业儒，然本农家，衣食仅自给。"清初陈昌言的同僚邑人白胤谦在《题陈泉山侍御止园》诗中说：

"此山富泉石，下有幽人宫。耕稼百余年，淳朴多古风。"也是说陈氏是以农耕为业。陈廷敬编成《陈氏家谱》，曾经在后面题了一首诗：

  侧闻长老训，诸祖称豪贤。
  披籍阅往代，叹息良复然。
  诚词炳星日，志气薄云天。
  处士及吏隐，一一皆可传。
  淳休被邑里，声华如蝉联。
  缅维卜东庄，始自宣德年。
  耕稼三百载，风义桑梓前。
  小子耻甘肥，食利忘所先。
  惕然从中惧，勖哉以无怼！

其中"耕稼三百载，风义桑梓前"两句，明确指出陈氏家族有三百年的农耕历史。

据《康熙四十一年陈氏分拨总账》中记载，康熙四十一年（1702）陈氏分家，陈廷敬的三个儿子每人所分财产情况如下：

陈谦吉：郭峪并各庄共房四百一十三间，共地六百七十九亩五分，共羊一千一百只。

陈豫朋：郭峪并各庄共房四百三十九间，共地六百三十一亩，共羊一千只。

陈壮履：郭峪并各庄共房四百三十三间，共地六百五十四亩，共羊一千只。

以上共计房屋一千四百零五间，土地二千零八十四亩五分，羊三千一百只。

从这个账单来看，陈廷敬的三个儿子所分得的财产只有房屋、土地和羊群，并没有店铺、工场、作坊等。在陈氏的实业中虽有河南清花镇店房一处，但并未注明经营项目。实业的财产只是供给陈氏家族宗祠祭祀之用，并不是陈氏家族的主要经济来源。由此可见，陈氏家族在历史上根本不是靠经商来致富的，而是典型的耕读之家。

陈氏的历史上也曾有一位经商的人，那就是陈修的第四子陈三益，是陈廷敬曾祖陈三乐的四弟。陈三益幼读诗书，长大之后就出外经商，常来往于河南、河北一带。但他并没有因为经商而致富，最后死在卫辉（今属河南）的一家旅店里。身后凄凉，又无子嗣，只留下了一位副室郭氏，孤苦无依："旦则事纺绩，或自理其米盐醋酱箸匕女红"，靠自己劳动维持生计；"寡居近五十年，霜帏星杵，无子女之亲，无婢仆之奉，茕茕孤屋中，一病垂二十年许，以此而终"，其生活之艰苦可以想见，死后还是陈廷敬等族人给她料理了丧事。陈三益并不是成功的商人，而是一个失败的商人，同时他也不是陈廷敬的本支，在陈氏家族中没有形成主流。我们不能因为有个别陈氏族人从事过商业活动，就把陈氏家族定位在晋商的行列中。

《陈氏家谱》是陈廷敬直到清康熙三十三年（1694）秋才创修的，此时的陈廷敬已然是陈氏的第九世孙。其时距陈氏迁居中道庄的明宣德四年（1429）已经过了二百六十五年，因陈氏各分支的资料皆无从收集，故陈廷敬所修的《陈氏家谱》主要记载了以陈廷敬本支为中心的家族史料。陈林是陈廷敬的直系宗祖，所以陈氏把他作为陈氏家族的二世祖。

陈廷敬的伯父陈昌言曾说:"余家苦无乘,其远祖不可考,所可溯孝庙时有祖讳林者耳。"入清后,陈昌言官江南提学使,才查清了陈林以上先祖的名字。他说:"余督学江南,得后湖所藏黄册而阅之,则永乐十年所造也。详溯宗派,知林祖有兄曰岩,上之而考讳靠,祖讳仲名,仲名祖拨入河南彰德府临漳县籍……其详悉家乘不若也。"陈氏先祖的历史至此时才有了大致的线索。

以上八世之中,有几位是重点所在,不得不提:三世陈秀,五世陈天佑,六世陈三乐,以及陈廷敬的大伯父,八世陈昌言。

陈秀在陈氏家族史上是一个极其重要的人物,首先他是陈氏家族的第一个读书人,虽然他没有取得任何功名,但因为他读书,便为陈氏家族后来获得九进士、六翰林奠定了基础;陈秀是陈氏家族中第一个做官的人,虽然他只做了一个不入流的小官,但总算是走上了仕途,这就为陈氏家族后来出现高官显宦奠定了基础;陈秀是陈氏家族中第一个写诗作文的人,虽然他留下来的诗数量不多,艺术价值也不甚高,但他却挤进了诗人的行列,为陈氏家族成为诗书世家、文化巨族奠定了基础。陈秀是陈氏家族实现读书入仕理想的第一人,所以,陈昌言说:"肇造余家,实权舆诸此。"

陈秀能诗,但作品多散佚,裔孙陈昌言于遗稿中拣得他任西乡时寄儿子辈的诗和散曲数首,辑为《述先草》。陈秀的诗和散曲,如《南宫一枝花》:

爷今系宦途,儿独营家计。清勤爷自守,孝友在儿为。爷事儿知,浊富非吾志,宁怀一念私!享浊富徇利亡身,怀私心违天害理。

是教子，也是明志，表明他要做好官，做清官。

再如《教子诗》：

才忆儿时便起愁，愁儿不把放心收。
肯离家舍来官舍，料出歌楼入酒楼。
未得彩衣承膝下，且将绿蚁展眉头。
天涯谁念虚甘旨，顾我于今鬓已秋。

又曰：

百岁光阴易掷梭，痴儿莫得等闲过。
起家绍业由勤俭，处事交人贵缓和。
酒饮三杯须用止，书攻万卷未为多。
我今欲著灯窗力，鬓点秋霜奈老何！

陈秀教子诗对陈氏后人产生了很大的影响，成为陈氏后人居家立身之本。一言以蔽之，陈氏可考的肉体先祖是陈靠；但精神先祖，便是陈秀。

陈天佑是陈氏四世宗祖陈琪的侄子，是陈氏的第五世。陈天佑在明嘉靖十三年（1534）考中举人，在嘉靖二十三年（1544）考中进士，是陈氏家族的第一个进士，授户部主事，累官至陕西按察司副使。陈天佑号容山，著有《容山诗集》，已失传，仅存残句一联："未遂持螯意，空悬击楫心。"陈廷敬曾说："余家近尧畿，代有文学。高伯祖容山公，万历甲戌进士，历关陕副宪，诗名尤重于世。"并有《祖德》诗云：

祖德斯文在，家传正始音。

歌谣依帝日，分野直辰参。

丘壑三生客，云天万里心。

持螯兼击楫，佳句独长吟。

把陈天佑拿出来单独说，是因为这是陈氏家族出的第一个进士，也是第一个高官。至于高官为什么重要，我们接下来马上就要说到。

陈三乐，字同伦，号育斋。三乐的"乐"读作 yào，是喜爱、喜好的意思。"三乐"出自《论语·季氏》："益者三乐。乐节礼乐，乐道人之善，乐多贤友。"陈三乐赋性严毅，倜傥不群，容仪端庄，行于途中，"顾不绝人"。为人温和慈善，与之接近，有蔼然可亲之感。善于料理家事，经营农田，一手筹划，使内外井井有条。家富有资财，乐善好施，"喜周人之难，扶人之危"。在周济别人急难之时，从来没有吝啬之意。遇到荒年，自己减食以接济饥民。他家门前有一棵大槐树，他常坐在槐荫下备茶饭招待过路者。人有为难事找他，"辄邀坐槐下石，务如所愿"。有时"遇囊涩，必婉转迁挪，以副所求，不使之怏怏去"。一年腊月，他偶感风寒，卧病在床。夜间，突然有人因事告急，他正要起床给那人拿钱，其母阻止说："风厉甚，诘朝见。"他又睡下，但辗转反侧，不能入眠，便委婉地对母亲说："人遇急来求，度刻如年；儿虑之不寐，是两不安也。"于是急忙起床，取出囊中所有的钱，赠给那人，笑着说："可以安寝矣。"像这样的事情多得举不胜举。

陈三乐生于明嘉靖三十一年（1552），卒于万历四十一年（1613），终年六十二岁。配卢氏，郭峪镇卢光耀女。子四：长子陈经济、次子陈经正、三子陈经训、四子陈经典。女一：适阳城县白巷里明吏部尚书王国光之孙王于召。王国光是明代著名的政治家，张居正推行改革的得力助手，也是阳城县明代官职最高的人。王氏是阳城白巷里的大户，方圆有名的官宦之家。陈三乐能和王国光的儿子攀亲，成为儿女亲家，可见当时陈氏家族的声望已非同一般。在陈三乐的四个儿子中，长子经济是陈廷敬本支的七世祖。

看出来了吗？如果没有，那么再加一条。

陈氏四世宗祖陈珙的次子陈修为陈氏的五世宗祖。陈修字宗慎，号柏山，"所居对西坪之柏山"，因以为别号。他为人"刚毅缜密，谦恭孝友"，年轻时"有志于用世"，但屡试不售，便"退而为鼓铸业"，有心计，善于治理家业。陈秀在写给他儿子的诗中说："肯辞家舍来官舍，料出歌楼入酒楼。"他的儿子们不肯离开家到他做官的西乡县来居住，料想他们一定是每天出入于歌楼酒楼之中，担心他们整天沉迷于花天酒地的生活而耽误了读书学习。由此可见，陈氏当时的家境已经很富裕了。到了陈修的时候，家境就更加充实富裕，"拓田庐储蓄，视囊昔远过"，可称为富甲一方的大户了。陈修"轻财好施，有弗给者辄出帑金、廩粟以赈春急。弗能偿者，即毁券不校。乡人以为岁星"。他虽然废学，不再求取功名，但"顾其教诸子则严"，常常要儿子们"盍学汝伯父？汝父不足法也"，以他的堂兄陈天佑为榜样。

陈氏"先世饶于赀"，在始祖陈靠和二世祖陈林时，财富不断积累，到三世祖陈秀的时候，开始富裕起来。到五世陈修之时，已经富甲一方。再之后的六世陈三乐已经可以"周人之难"，并且还"务如所愿"。

之前我们说过陈氏家族不是晋商世家，于是产生一个问题：耕读世家固然能够负担子弟读书，但绝对不可能产生如此之大的剩余利润，以至于竟然可以让陈三乐不计回报地做善事。现在如果我们联系到陈氏家族中出现的两个进士的时间，以及随之而来自然而然的高级官位，我们就会明白：书中自有黄金屋。宋真宗的劝学诗用到这儿了，这是活生生的例子。

在封建时代，这无疑是一条正确的轨道。无论对于个人或是一个家族，成功的榜样会推动着家中的后辈不断重复前辈们成功的经验。在第八世，走这条路的人是陈昌言。

陈氏三兄弟中的陈昌言，字禹前，号道庄，一号泉山。他幼时聪敏，"耻与凡儿伍"，考中了秀才之后，进入州学读书，"试辄冠军"，"沉若有大家名，籍甚于州庠"。崇祯三年（1630）秋天，陈昌言参加乡试，考中了举人。崇祯四年（1631）起义军进入阳城，崇祯五年（1632）陈氏修建了河山楼，崇祯六年（1633）春陈氏开始修建斗筑居城。在修建斗筑居城期间，陈昌言又赴京参加了崇祯七年（1634）春的会试和殿试，二月二十七日放了榜，陈昌言高中进士。这时他三十七岁。算起来，陈氏家族的第五代陈天佑曾于嘉靖二十三年（1544）中进士，到第八世陈昌言中进士整整经过了九十年的时间。陈昌言作为陈氏家族中第二个进士，很快被授为山东乐亭县知县。本年秋天，陈昌言便起程到山东乐亭县上任。在任乐亭知县期间，陈昌言努力做一个好官、清官。在他的墓志铭中有这样的记载："在乐亭任上，庭无留牍，胥无容奸。""各台使者至，供张之具，悉自为储置，不费民间一钱。""会大水，城不浸者三版，公胼胝疏塞，民幸不鱼。"陈廷敬也说："侍御公自为乐亭令，有廉名，性严峭，不能与时俯仰。有一介不取与之风，囊无私积。俸入之余，以公同爨。尝曰：'吾不以为家累也。'"陈昌言在乐亭的政绩较好，经过考绩，被调到京城里任御史。他离任之后，乐亭的百姓还为他立了生祠。陈昌言在任御史期间曾被派遣巡按山东。在巡按山东时，"值齐鲁绿林蜂起"，他"严为战守具"，并且于"一岁之中，封事不惮百十上，诸所纠墨吏褫懦弁，不避权贵，直声达于朝右"。

也就是说，陈昌言的一生，主要做了这几件事：

第一，中进士。把家族荣耀延续下来，甚至更上一层楼。

第二，修建河山楼。

河山楼占地只有三间房大小，长三丈四尺，宽二丈四尺，共七层，高十丈余。最下面一层深入地下，掘有水井，备有碾磨，并有暗道与外界相通。三层以上才设窗户，但都有厚实坚硬的木板门，可以随时关闭。楼的顶端筑有女墙，由家丁把守。居高临下，是一座易守难攻的防御建筑。整个工程共用石料三千块，砖三十万块，"为费颇奢"。

这座楼曾经救过陈家全家人的性命，所以因缘附会，有仙人赐名曰"河山楼"。

话说修建河山楼时，工匠的饮食等事都靠陈廷敬的祖母范氏料理，工地的备料经营等则靠陈昌言的二弟陈昌期奔波，全家上下都在为此事忙碌，"数月无有宁晷"。到七月十五这一天，忽然听说起义军已经来到附近，这时楼尚未修成，"仅有门户，尚无棚板"，没有盖顶。但事情紧急，消停不得。只好赶快准备石头弓箭，运来粮米、煤炭，家中的其他金银细软等都来不及收拾。附近的百姓也都赶紧跑进楼来躲避，当时楼中所容纳的大小男女就有八百余人。起义军从东北方向袭来，开始

皇城相府 河山楼

只有零星几人,一小会儿功夫,就来了万余人,均穿着红衣服,看去遍地赤色。陈昌言在楼上率领壮丁百余人坚守。当时天正下雨,楼上没有顶棚,大家都站立在雨中。楼中八百多人,全由陈家供给饭食。二弟陈昌期带人沿垛口到处巡视,三弟陈昌齐则管理着楼门的钥匙,防守很严密。起义军虽然人多势众,但那时是冷兵器的时代,这座高楼就显得坚不可摧。起义军不敢近前,又不甘心离开,就把这座高楼团团围困起来,欲待楼中无水时,一举攻破。起义军为什么会想到这个主意呢?因为在此之前,沁水县的柳氏也修了一座高楼,非常坚固。起义军来攻,攻不破,只好退去,后听说楼中无水,又去而复返,围守三日,因楼中人饥渴无奈而被攻破。这次他们故伎重演,将楼整整围困了四昼夜,本以为楼中的水应该消耗殆尽了，正欲攻打时，陈昌期命人打起楼中井水，从楼的四围泼下去。起义军见楼中有水，觉得久困无益，只好在七月二十日解围而去。陈氏的这一座楼一直到十一月才全部竣工，又安置了弓箭、枪、铳、火药、石头等武器。在此期间，起义军曾连续来围攻四次，皆没有攻破。周围村庄在楼中躲避的前后达到一万余人次。

楼成之后，陈昌言想为楼取名，想了好久，没有结果。在崇祯六年（1633）的八月初一夜晚，陈昌言梦见与仙人在楼上相会，他就恳请仙人为其楼题名。这位仙人在向周围环视之后，提笔写了"河山为囿"四个大字。陈昌言向仙人叩问，这个"囿"字是什么意思。仙人说："登斯楼而望河山，不宛宛一苑囿乎？"陈昌言醒来之后，觉得很奇异，次日早起，登楼四望，看到周围的景象，果然不错，山环水绕，就是一个大园林，于是就把这座楼命为"河山楼"。

第三，修建斗筑居城。这座城几乎是一家一姓所能修造的建筑的极限。

明崇祯五年（1632）九月，起义军攻泽州；崇祯六年（1633）正月，起义军转战阳城，明参将芮琦等战死。七月，起义军攻破沁水城，杀沁水知县焦鳌。起义军的势力不断壮大，陈昌言"日夜图维，思保障于万全"。虽然河山楼坚不可摧，足以独当一面，楼之内可容人千口之多，但粮食包裹不能多藏，牛马等牲畜也无处躲避。想到修一座楼已经很有成效，如果能修一座城堡，肯定会更加安全可靠。况中道庄本来就不是很大，所居住的又都是陈氏同宗之人，如果能共同修筑一个城堡自守，应该不是难事。于是他就把族人召集起来，申说他的想法，晓以同舟共济的道理，"期共筑一堡以图永利"。但是陈氏族人各藏私心，人多嘴杂，众说纷纭，无法形成统一意见。陈昌言也无法相强，只好打算把自己这一家所居住的地方围起来修一座城堡。可是他的居处所相邻的地基都是同宗族人的产业，"数传以来，若不肯相成"，他只好恳请亲友帮助说和。破费了很多钱财，再以自己的产业相抵换，这样才勉强将相邻的房产地基谈妥。

崇祯六年（1633）七月二十一日，陈氏动工筑堡，整整修了八个月，到次年的二月才竣工。这座城堡周围大约有百丈，高二丈，开西、北两门，门均用铁皮包裹，门上修有城楼。铁门之外，设有粗大的木栅栏，一切闲人往来，都在栅栏外，不得擅自入内。南面虽设有门，而实填不开，以便日后修建房屋时运送木料。城堡东面的山最高，若敌人居高临下，不利于防守，所以在东城墙上覆以橡瓦，使敌人的石头、箭不能从

皇城相府　斗筑居城

上空坠落，守卫的垛夫可以不受到威胁。城堡的东北角上，筑春秋阁，祀奉关圣帝君；东南角上，筑文昌阁，祀奉文昌帝君。关圣、文昌二神，一文一武，以保佑庇护。这项工程共花费白银一千余两。城堡修成之后，陈氏又训练了守城的家丁，添置了武器，备了火药，贮积了粮食煤炭，万事俱备，没有更多的担忧了。陈昌言把这座城堡取名为"斗筑居"，并在城门上题了四个字"斗筑可居"。

第四，修建别墅、中道庄城、止园和书堂。

去过皇城相府（国家5A级景区）的朋友们都知道，这几栋建筑实际上就是景点的中心建筑。

崇祯十五年（1642），陈昌言回到家中，主持修建陈氏别墅，这个别墅就是后来的大学士第，即陈廷敬的相府。相府正门有"大学士第"立匾，背后是"冢宰第"横匾，现存。据当代陈氏后裔所亲目，相府正门之上原来还有二匾，一为"大司徒府"，一为"总宪府"，已毁，不复得见。从这里能明显地看到，这座府第的门匾是根据主人陈廷敬的官职变化而逐步加上去的。康熙二十三年（1684），陈廷敬升为都察院左都御史，因为都察院在古代称为"宪台"，都察院的最高长官左都御史别称为"总宪"，所以当时悬挂的是"总宪府"的匾额；康熙二十六年（1687）二月，陈廷敬调任户部尚书，因户部尚书的别称为"大司徒"，所以匾额的名字就换成了"大司徒府"；同年九月，陈廷敬调任吏部尚书，因吏部尚书的别称为"冢宰"，所以又换成了"冢宰第"匾；康熙四十二年（1703）四月，陈廷敬拜文渊阁大学士，复悬挂"大学士第"匾。以此推论，康熙二十三年陈廷敬任左都御史之前，还做过国子监司业、詹事府詹事、翰林院掌院学士、礼部侍郎、吏部侍郎等官，这座府

皇城相府　石牌坊

第都曾悬挂过相应的门匾。陈廷敬每次升迁之后，随之更换门匾，或者略加修葺，府第的名称也随之更换，以前的门匾就被取代了。

　　基于国内外的形势，战乱随时可能发生，所以在崇祯十五年（1642）陈昌言修建别墅的同时，又把斗筑居城向西进行了扩展，修成了中道庄城。中道庄城仍然是非常坚固的防御性城堡式建筑，共有四门，中道庄门是正门，另外还有南门、北门和西偏门。中道庄城正门的石匾题写有"中道庄"三个大字，上款为"崇祯壬午孟春"，下款为"道庄主人建"。"崇祯壬午"就是明崇祯十五年（1642），"道庄主人"是陈昌言的别号。

　　在修建别墅之时，并没有立刻修建止园、书堂，这是因为陈昌言当时还不到辞官养老的年龄，直到清顺治十年（1653）夏，止园才正式落成。陈昌言请假省亲，回到家中，写了一首赞美止园的诗：

  随地聊成趣，依山近水滨。
  凿池生荇藻，叠石象嶙峋。
  楼建元龙志，园修董子邻。
  竹林书屋邃，花坞药栏新。
  塞门蠲尘虑，交游尽古人。
  天渊时共映，鱼鸟日相亲。
  蜡屐寻樵路，青蓑理钓纶。
  狂歌邀月盏，滥醉落风巾。
  自可称园叟，何妨作酒民。
  心闲身似客，榻静主如宾。
  且得如三径，何须别问津！

陈昌言留下的这些实物，使我们能够对陈氏家族形成直观的印象，但这并不是他最重要的贡献。或者说，他对陈氏家族最大的贡献是这些建筑，但对陈廷敬——我们的主人公来说，陈昌言最大的贡献是他本人的思想行为取向，准确来说，是他在甲申之变前后的思想行为取向。

明崇祯十七年（1644）三月十九日，大顺军攻克北京，崇祯皇帝朱由检自缢身死，标志着明朝的覆亡。四月二十二日，吴三桂引清兵入关，由于兵力悬殊，大顺军大败，于四月三十日退出北京，率军经山西进入陕西。就在李自成退出北京之时，明朝的大批官员也趁此机会逃出京城，估计陈昌言就是在此时逃回阳城县中道庄的。陈昌言回到中道庄之后写了一首《蛰居》诗，诗前的小序写道："有屋一间，尽可容膝。甲申避乱其间，因名。"他的诗是这样的：

> 大厦虽非一木支，苟全乱世欲何为？
> 忧将天问凭谁解，惭对青山转自疑。
> 半榻奇书消寂寞，一杯元酒了愚痴。
> 愁多潦倒无新句，且向残灯改旧诗。

这首诗的前四句写出了自己当时矛盾复杂的思想和心情，后四句写自己以看书、饮酒、写诗来消磨时光，排解愁思。由于清廷对前明的官员大加笼络，只要是在明朝做过官的，都按原官职起用。因此陈昌言归降了清朝，官复原职，仍为浙江道监察御史。清顺治二年（1645），清朝的军队攻克南京，清廷设置江南省，辖今江苏、安徽及江北等地，陈昌言被任命为提督江南学政。他在任上"绝苞苴，杜请托，风教丕振畴昔"，并且选拔了一批优秀人才，"士类翕然宗之"，在朝野很有一些声望。他在外做官期间，也是"俸入之余悉委昌期经纪，不以一毫入私橐"，其弟"昌期亦殚心父事之"。

在诗中，陈昌言虽然遮遮掩掩，但还是透露了自己的思考线索：我是个有能力的人，但是天下事如此，我也做不到更多。倘有机会，我不惮于"改旧诗"，因为我不愿因"愁多潦倒"。而且，因为陈昌期对他"父事之"，所以他这种行为也直接影响到陈昌期。

而陈昌期，就是陈廷敬的父亲。

陈昌期，字大来，号鱼山。陈氏家族八世共有陈昌言、陈昌期、陈昌齐弟兄三人，其中，三弟陈昌齐早亡，大哥陈昌言在外做官，留下陈昌期在籍治家，奉养老母范氏。陈昌期为人方严，虽于盛夏酷暑，必衣冠端坐。康熙元年（1662）陈廷敬归省，陈昌期在了解了他为官的情况后说："汝清品正尔难得！"这说明他很看重个人操守。陈昌期守祖宗遗产，治家谨严，勤俭节用，常以钱粮周济族人和乡党，每逢饥年，必出家谷救灾，乡人皆感其恩德。魏象枢曾赋诗《陈太翁出家谷赈饥，乡里德之，赋呈说岩先生》曰：

　　古道何能遘？高风尚在今。
　　痌瘝原素念，桑梓况关心。
　　尽饱仁人粟，争传义士吟。
　　贞珉书不朽，遍满太行阴。

清康熙二十七年（1688），陈昌期"尽弃先世所积粟累数十万石"以与乡人，"所全活者不可胜计"，又焚券"计捐金钱数十万"。乡人怀德感义，共同请求官府奏请朝廷旌表。昌期闻而止之曰："何可乃尔？"但众意不可挽回，山西巡抚咨文上达礼部。昌期大惊，派人七昼夜驰往京师，命陈廷敬速阻止此事。陈廷敬遵父命具牒于礼部，礼部大人曰："成长者志。"方停止上奏。京城中能为诗文者，纷纷吟诗作文歌咏此事，以为可以"劝善而励世"，后来这些诗文辑为一卷，名曰《惠民录》。此外，乡人还"为立石通衢接数十里"，达三十多处，以颂其德。

陈昌期积仁累义，乐善不倦。康熙二十七年（1688）陈昌期捐谷后，其诸子家中已贫，"或无以为食"，陈昌期"怡然不以屑意"。士民"合辞请建生祠祠公"，昌期不许。康熙三十一年（1692）七月，陈昌期病重，于诞辰十二日，"出所有家资，易米数百斛"，周济邻里。同年十月，陈昌期已逝世，陈廷敬与诸兄弟为了永记陈昌期乐善好施的义举，决定为他建祠，谋曰："祠之建不可以累吾乡之人，公志不可违也。我曹建祠以祠公，于义无害。"于是在陈氏所居东山之麓建惠民祠，予以纪念。

陈昌期曾命陈廷敬编修《陈氏家谱》，并言之曰："我陈氏谱牒散亡，今则不敢妄有所祖，微信近代焉可也。昔狄枢密为有宋功臣，有梁公之后，持公图像告身，诣青献之，以为青之远祖。青谢曰：'一时遭际，安敢自附梁公？'人以为名言。五季郭崇韬哭于汾阳之庙，识者于今哂之。谱亦何可易言，谱亦何可妄言也！"告诫陈廷敬不必妄攀名人为先祖，反映了他不尚浮华、求真务实的态度。陈廷敬曰："今吾重修族谱之顷，不敢妄为指引，所以遵家法也。"

以上几件事，从道德角度看，昌期几为完人，让人可望而不可即。但是，究其细节，就很好解释了。康熙二十七年（1688），陈廷敬已经官一品，所谓"严嵩分宜传美名"，古时为官者，十分注意自己在家乡的名声形象，所谓桑梓，所谓民瘼，重心都指家乡。以前的谚语说"富贵还乡"，其中就隐含着这层意思。并且，皇权不下县，皇朝的基层统治一直都掌握在所谓的"乡绅"手中，这些乡绅的构成，无非是致仕的官员和正在任上的官员的亲戚，还有少量的巨富和退休官员的后代。不过，后两者如果不能很快地推出自己在官场上的代言人，衰败几乎是一定的，所谓"君子之泽，三世而斩"，讲的就是这个道理。从这个角度来说，陈昌期做的，都是为了给在朝中当官的儿子一个好的名声——封建时代，道德品质是最大的武器，无论是攻击敌人还是进行自保，好名声都是不可或缺的。

真正能够体现陈昌期个人意志的，应该是不愿意在修族谱时攀附名人这一点。他举了两个例子：一个是宋朝有人拿着号称是狄仁杰的家谱劝狄青认祖归宗，一个是五代时候郭崇韬主动说自己是郭子仪的后代。这两件事陈昌期都认为可耻。从祖宗不能乱认这一点来看，似乎能说明陈昌期心中颇有家国之念，但是，事实总是会教育我们。

清顺治五年（1648），清朝内部出现明朝降将大反正的局面，原明朝总兵姜瓖反正于山西大同。大同举义后，山西各地闻风响应。阳城人张斗光本来于麻娄山"据险筑寨"，聚众抗清，姜瓖反正后即率军攻打泽州。潞安（长治）义军统帅胡国鼎命陈杜、乔炳、许守信前来支援，声势十分浩大。张斗光攻下泽州城，以泽州为根据地，接着进军陵川，围攻陵川县城。清朝陵川知县李向禹见城不保，又无退路，知道难免一死。其妻王氏无奈，便与二女在后堂自缢。李向禹拼死抵抗，城破被杀。张斗光又出兵攻沁水县城，沁水知县刘昌（隆平人）抵敌不住，便暗中安排妻儿子女带着金银细软出城，潜回老家。自己声称到河东去求救兵来守城，实际他出城后便仓皇逃窜，沁水城破。晋东南的潞安府、泽州、沁州全部易帜，为义军所占领。

顺治六年（1649）八月，大同城破，姜瓖被杀。然后朔州、浑源相继被攻破，清军大肆屠戮，人民不存。张斗光听到大同失守的消息，并不气馁，继续坚持抗清斗争。他在泽州各县设置官署，建立政权，深受百姓拥护，青壮年纷纷参加他的抗清队伍。张斗光看到在这次抗清斗争中，山西好多前明官员和地方绅士都纷纷起兵抗清，于是他也想得到地方绅士的支持。因为中道庄的陈昌期是当时晋城一带最有名望的乡绅，便决定请陈昌期共谋抗清大事。于是张斗光写了一封措辞恳切的书信，派员带着厚礼去见陈昌期，请陈昌期前来共事。张斗光的使者来到陈昌期家，送上金帛礼品，说明来意。陈昌期撕碎了张斗光的书信，拒收礼物，怒骂曰："贼奴死在旦夕耳，敢胁我耶！"张斗光的使者无奈，只好回泽州复命。张斗光得知陈昌期不愿合作，而且出言不逊，十分愤怒，便率军数千人于薄暮时分来到中道庄，将城堡团团围住，云梯、大炮、火器诸物，无不具备。

陈昌期立即集中家丁，指挥家丁迅速收拾武器，准备守城，并且和他们说："受恩本朝，为臣子，誓不陷身于贼。贼反覆倡乱，此特贷命漏刻耳！吾已度外置妻子，若汝曹不协力坚守，一旦为贼所污，异时王师至，无噍类矣。"陈昌言的妻子张氏哭着告昌期说："吾必不辱君，堡破请先死，君其勉之！"当时张氏刚生第三女，犹在产蓐中，她说："此非安寝之时！"于是立刻起床准备粮食饭菜，辅佐陈昌期守城，终夜未尝解衣休息。

陈廷敬这时已经十二岁，随父陈昌期登城瞭望。张斗光先礼后兵，又写一封书信，言辞更为诚恳，晓以抗清复明之大义，以箭系书，射于城上。陈昌期接到张光斗射上来的书信，目不正视，撕成碎片，说："以身死忠，永无二念。"张斗光看到中道庄城堡坚固，预料难以攻下，便向陈昌期索取金银财帛，以充军饷。陈昌期说："为大清守一块土，金帛以劳守者，何贿贼为？"张斗光见陈昌期态度坚决，再无回旋的余地，便下令攻城，攻势异常猛烈。陈昌期以重金赏赐守城壮丁，顽强抵抗，炮火矢石齐发。张斗光攻城数日，城即将破。陈昌期见情势危急，异常恐慌，左思右想，无计可施。正在此万分危急之时，张斗光军忽然放开一角而去，然后全军尽皆撤去。

原来清军攻破大同、朔州之后，逐渐平定了晋北，又率领大军南下。十月初四日，清军用红衣大炮攻破太谷县城；初十日占领沁州城，接着又攻克潞安（今长治市）。驻守泽州的陈杜得到消息，忙派人告知张斗光。张斗光闻讯，急率军回救泽州。

十一月，清将博洛率领镇国公韩岱、固山额真石廷柱、左梦庚等部在泽州击败反清义师，义军部院陈杜、监军道何守忠、守将张斗光等被擒杀。

陈昌言、陈昌期兄弟和陈氏家族在经过了鼎革之际的抉择和反清怒潮的冲击之后，官绅地位得到了巩固，并且为陈氏家族的进一步发展创造了条件。

这段话引自马甫平先生的《陈氏家族》一文，读者要是细心看的话会有一种十分怪异的感觉——文意割裂，并且立场截然对立的两方的口吻都出现在这短短的几句话当中。实际上很好解释，马先生作为现代人，自然是采用批判的眼光看待当时的民族入侵，但是他所引用的陈昌期的话，则是来自于陈廷敬写的《皇清诰封光禄大夫正一品经筵讲官吏刑二部尚书都察院左都御史鱼山府君行状》。什么叫"行状"呢？那是古时特有的一种文体，专门用来给有一定地位的人去世后所写的有固定格式的文本。通常会讲述这个人的功业，但也有写作者自己的意图。从文本角度来讲，长于墓志铭，短于传记，政治性更浓一些。从这篇行状的题目本身，我们就能看出屁股坐在哪一边。诛心的问题是：顺治二年（1645）陈氏家族的陈昌言因为曾经是大明的官于是做了大清的官，顺治五年（1648）的时候前大明的将军起来反抗大清，陈昌期怎么竟然能够信誓旦旦地喊出"以身死忠，永无二念"的话！倘若能做到，当年就应该为大明而死，做不到，那不就是欺了大清的君？当然，这是行状，陈廷敬为父亲说几句好话，杜撰一些热血激昂的口号也是题中应有之义。只不过，父亲的行为，当时年已十二的陈廷敬悉数看在眼里，已经给他造成了一定的影响。

所以，纵观廷敬一生，父亲，或者说家族的思想和行为取向，实际上构成了他整个人生观的一个基础。其影响之大，甚至差一点点就让陈廷敬成为一个毫不出众的庸常官吏。

我之所以喜欢这首《洞阳山》，就是因为它干净，只写景色：

我家太行尽处村，蛟龙欲活留爪痕。
蜿蜿腹背故隆起，振鳞掉尾如雷奔。
波涛隐见吞万壑，似揽众水穷河源。
古称上党天下脊，兹山拔地尤腾骞。
俯视砥柱一卷石，析城王屋双杯樽。
颇讶大禹所经画，足迹未到回南辕。
径下河济急疏瀹，北顾参井高莫扪。
乃知龙性跃天汉，肯同螟蜓尺水浑。
……

第三节　诚立言求真务实

现在我们听到想到陈廷敬，大部分是通过位于山西阳城的"皇城相府"这一国家级景点。皇城相府又名"午亭山村"，就是我们前文说过的当年昌期与昌言兄弟俩修建的那座别墅。20世纪80年代中期开始，山西的形象除了作为新中国成立后一直以来的能源基地之外，整个省的内部文化价值部分被开始重新看待：首先是被重新定义并负载了新意义的"晋商"，接着是"祖根"文化，然后是和晋商文化联系紧密的"大院"文化。说实话，因为电影媒体的传播能力和因此导致的概念传播能力，曾经在《大红灯笼高高挂》中出现的"大院"文化一直来就是"新山西"传播当中的头把交椅，无论之后的"平遥"，以至"大同""恒山"，甚至"雁门关"等等做了多少工作，"大院"始终在世俗文化当中遥遥领先，和"五台山"争夺着山西文化名片的位置。

但这并不是"皇城相府"成功的理由。

因为主人并不足够有名。

这很好理解：少林寺有名不是因为大雄宝殿，不是因为藏经阁，不是因为塔林，这些东西只要是个中等规模的寺庙都有。让少林寺有名的，是少林和尚。华清池有名不是因为这里的"温泉水滑",当然更不是因为什么自然风光,能够让人千年来不断探访,并且始终兴致勃勃,是因为它里面泡过的人——"洗凝脂"不是因为能洗才有名,而是因为"凝脂"在这里被洗,这里才有名——君不见后世的澡堂有多少叫作"华清池",就好像历史上有多少酒叫作"刘伶醉",又有多少酒楼叫"太白楼"。

现代传播学把这中间的原则总结成"品牌",并总结出种种创造和炒作的方法,一言以蔽之:品牌,最重要的是独特性。放到人身上,就是这个人必须足够和别人不一样。你要么足够好,是圣人,孔子、颜渊、孟子;是军神,卫青、李靖、岳鹏举;是明君,唐宗宋祖,尧舜禹汤;是贤臣,伊尹、王安石、张居正。要么足够的坏,少正卯、盗跖、宋襄公、夏桀、商纣、严嵩、秦桧。简单点说,你坏,但你坏不过秦桧;你贪污,但你贪不过严嵩(别跟我说和珅,俩人先不说出发点不一样,就贪污的数量也差着一个等级),那你就别想被人记住。贾似道、张邦昌要细研究起来也配得上"祸国殃民"的评语,但谁敢说他们比秦桧的知名度高呢?反过来说,你要说奸臣,第一个出现在你脑海中的难道不是秦桧吗?或者历史上的武将讲究排名,三国当中关张赵马黄加一块,比得过吕布?唐朝一说军神就是李靖,仔细看看,灭国之功,李勣也有;经历丰富,大仗打得最多的,也是李勣;经历丰富传奇的,还是李勣,可是现在我们有几个知道徐懋功(李勣,字懋功)、李世勣(李勣,本名世勣,后避唐太宗李世民讳,改名为李勣)的?用现代竞技层面的话来讲:别以为到了决赛就是成功,冠军是最大的胜利者,亚军是最大的失败者。

我们曾经说过随着历史的演进，中央集权制度越来越成熟，所以到后期越来越难以出现划时代的臣子。终清一朝，只在末期出现了曾国藩和李鸿章，就是明证。帝国的根基已经不稳，君权不稳定，才会有大臣出头的机会。所以在清朝最出名的都是皇帝：康雍乾甚至被称为"盛世"。大臣中则无论满汉，均差着一截。帝国前期，制度未稳时还有所谓的多尔衮（也是皇族）和鳌拜（合议制代表），一到康熙亲政之后，大臣就迅速地黯淡下来。在这种情况下，陈廷敬作为臣子，本身很难被后人，被历史记住。（这也符合真实的历史，在这次重新发掘之前，包括"皇城相府"在内，几乎没有人听说过陈廷敬。）所以，我们先来探讨一下臣子有可能的被历史记住的几种方式。

首先，一个臣子最容易被历史记住的方法是，思想方面成为宗师（后世专称叫作"哲学家"）。最典型的例子就是被称为"大成至圣先师"的孔夫子。我们来看历史上这方面做得比较出色的，有所谓诸子百家，也就是百家诸子，总之带"子"的都是，孟子、老子、韩非子等等等等；然后是后世的"朱子"朱熹、二程、张载和王阳明。这些名字我们简直是如雷贯耳，虽然不一定能够说出他们的具体事迹，但是要说熟悉程度，那是相当高。

其次，是政治成就。这里包括高下不同的几种。

第一种层次最低，就是定策元勋、托孤重臣。这种层次的大臣，首先一定要资历足够深，其次一定要拥有相当的实力，即使某一方面稍弱，在史书上也会留下一笔。所谓顾命大臣就是这一类——可能在政治上，这个人一生也只有这一条够资格被写进史书。但是这一类的官员，在史书上留下的，通常只有区区几笔，存在感不强；

第二种层次稍高，就是所谓的乱臣贼子。中间又分两种：国内的，叛国的。国内的这种，史不绝书，几乎每个朝代都有那么几个，其实大部分都是皇族内部为争夺皇位发动的内战。唐朝后期的藩镇割据就是比较典型的例子，并且直接开启了朝代传承的另一种模式，所谓"不知当几人称帝，几人称王"，这些人都能留下名字，但传播程度非常弱，比第一种稍强点，但也强不到哪里去。另一种是属于"叛国"的，因为中原的中央政权在历史的大部分时间都还是强势的，所以这一种比较少见，但是也正因为少见，他们在历史上留下的名声反而大了点。中行说虽然是个宦官，但陪公主出嫁时他身上还是有官职的，所以说他是臣没有问题。"必我也，为汉患者。"这是汉朝的。之后，西夏的张元更是让人难以忘记，真正做到了在宋朝无法中举，来西夏就能当宰相，让人又恨又叹。这样的人，史书上的形象就比较清晰了，但离流传千古还差得很远。

第三种就比较厉害，某种程度上和第四种层次差不多，就是"存亡续绝"。即使不成功的，在史书上也是同样的待遇。伊尹、霍光、谢安、陆秀夫，甚至包括文天祥，都在这一级别中。

第四种的层次相对模糊，先臣后君者都在这里，其中不乏大名鼎鼎之人，王莽、李世民、朱棣，还有赵匡胤。之所以这么分，是把他们的行为以君臣身份分开。唐宗宋祖都在这里，还包括历史上唯一一位光明正大篡位成功的明成祖。可是说到当臣子时的能力，他们还真的差王莽远了，当然王莽当皇帝的水平和其他人的差距更大。

第五种，也就是这一类当中的最后一种。从整体上说来，已经比前四种高了一个层次：他们已经从单纯的国祚绵延的角度脱离开，走到了政治制度变革的高度。他们包括商鞅、晁错、王安石和张居正。是的，这就是历史上几次著名的"变法"的发动者，他们的名字已经被深深地镌刻在历史当中，只要中国的文化传承不绝，这些名字就不会被人遗忘。他们的影响力甚至大到那些跟随他们实行变法的人也能被历史铭记，或者他们的反对者，比如章惇、刘濞，无不如此。

最后，是我们最熟悉的，也是一个定义方面最模糊的：文学成就。

文字与政治彼此纠缠、彼此影响得如此严重，实际上是我们中国特有的一种的现象。综观世界史，包括所谓的四大古文明在内，除了我们，没有谁还会这么痴迷于文字。在其他文明之中，政治家，军事家，哲学家，剧作家，文艺理论家等等身份是彼此分开的。即使你是一个公认的奸臣、坏蛋，但是你的小说写得好，或者你的诗歌很美妙，那么大家在评价你的时候会把这些成绩单独列出来，分开讲述，给你一个相对公平的判断。可在我们的文明中，常常是"文章千古事""文以载道""文品即人品"，甚至写字要"字如其人"，当官要"身言书判"。政治派别、思想斗争不直说，非要叫"古文""今文"之争，"文起八代之衰"，等等，都是在说文字。官员分类叫"文臣武将"，叫"文武官员"，还有"文武殊途"等等。官位设置叫"文学之士"。换言之，我们从制度上就根本没把文字和政治分开。因此当官者几乎都能写一手好文章，甚至成了彼此之间较量的一种方式。而我们能够知道的几乎所有的历史名臣，绝大部分都是因为他们的文章。李白苏轼欧阳修，柳永唐寅纪晓岚，他们官位有高低，文章有高下，但都让我们记住了他们。因为，他们就是我们的文学史。

对中国传统文化稍有了解的人都知道以上的分类根据的是什么原则："太上有立德，其次有立功，其次有立言，虽久不废，此之谓不朽。"

即我们常说的立德、立功、立言的"三不朽"原则。这是春秋时鲁国大夫叔孙豹提出的观点，得到儒家的认同后，成为世所公认的伦理判断准则。我们刚才提到的那些人，都做到了其中的某一点。

　　按照这个判断原则，考虑到道德对传统的士大夫的影响力，我们会看到一个事实：陈廷敬，几乎注定无法流传。德行有亏者，万般休提。论立功，始皇帝之后没谁能比得过隋炀帝：定科举，修运河，这两条万世不易，之后的皇朝全都在这两方面享尽了天大的好处；对外战争方面，平陈国，打突厥，之后三征高句丽。虽然高句丽没被打下来，但绝不能说这是一场失败的战争。不过，因为国内世家势力太过庞大，整个国家又是刚刚从四分五裂、改朝换代寻常事的南北朝走过来，所以最终被所谓的"三十六路反王，七十二处烟尘"打落尘埃。这样的一位皇帝，谥号"炀"，绝对是恶谥！千载之后竟然和夏桀商纣相提并论，更让人匪夷所思。我们先不说商纣夏桀作为君王究竟做了什么事情被称之为"独夫"，只说以杨广的作为被这么评价绝对是不公平的。可有什么用呢？既然之后的李唐是"伟光正"（网络用语，"伟大、光荣、正确"三词的缩写，指在生活中唯我独尊，自我感觉良好，拿谎言戏弄人、自欺欺人——编者），那么之前的杨广，自然只能是千古昏君！而一旦成为"昏君"，那就在道德方面被判了死刑，无论在其他方面做出什么成就也没用！相似的例子还有严嵩。不说他贪污什么的，也不说他父子在当朝有多招人讨厌，就说一个简单的历史判断：严嵩手中，既没有丧权，也没有辱国，还没有大的"民间起义"，从政治家的角度来看，他怎么就成了奸臣？对，我们可以叫他贪官，可以说他道德方面有问题，可也不至于连作品都流传不下来啊。毕竟，他当时还有一个称呼，叫作"青词宰相"。对于严嵩,王元美(王世贞,字元美)评价说:"孔雀虽有毒,不能掩其文章。"纪昀也说:"嵩虽怙宠擅权,其诗在流辈之中,乃独为迥出。"可现在我们见得到任何一首严嵩的诗作么?别说见过,你听说过吗?这就是所谓的"因人废言"的道理了,也就是为什么我们看之前的封建时代当中两臣相争,动不动就要先给人扣上一顶帽子,说对方是奸臣的道理。抢占道义制高点一旦成功,那么接下来无论是攻击还是防守都事半功倍了。可惜,这样的风气一直延续下来,我们在历史上就很难看到就事论事的评价了,因为千人千面,大家即使抱着相同的理想,也难免因为个人经历和见解的不同而对同一件事、同一个人有不同的看法,产生争论。但是,在"道德文章"的辩论原则下,自然而然会演变成"党争";而在压力如此大的朝堂之上,大家很容易会发现:只要干事情犯错的可能性就会变大,什么都不干是最容易自保的。所以还专门演化出一套官场哲学:多做多错,少做少错,不做不错。

于是我们得出结论:所谓立德、立功、立言,是递减关系,并且"德"因为最虚幻,反而成为要求最高的一项:私德有亏就已经是大问题,公义一旦有损,那就啥也不用说了,根本就没有出路可言。

而在易代之际,如不死节,自然是私德有亏。要是易代者还是"异族",不但不死节,还要出仕,那么不把你叫汉奸就已经是很高的评价了。当然,从民族融合的角度看,更重要的是满族统治一直持续了将近三百年,我们已经不能把这个朝代看成是纯粹的异族统治了,但即便如此,这方面的要求仍然是最基本的。

所以,我们现在评价陈廷敬,不能指望史书中会给我们什么很高的评价,只能在他的具体事例中去寻找,去总结了。

并且,因为他毕竟是汉臣,立功——政治方面的事情还受到当时的满汉之别的民族大防影响——稍显复杂,我们先从立言——文学方面的成就开始。

今所见陈廷敬的诗作,据《午亭文编》《午亭山人第二集》《午亭集》以及魏宪《皇清百名家诗选》四种合计,去其重,得2670首。而今知他最早的诗集《参野诗选》,收了他二十一岁到二十五岁五年间所写的诗,此集已佚。故陈廷敬的诗作当在三千首以上,而他写诗只不过是繁忙公务之余事而已。由他的身份所决定,他的诗歌的总特点是"和声以

《午亭文编》书影

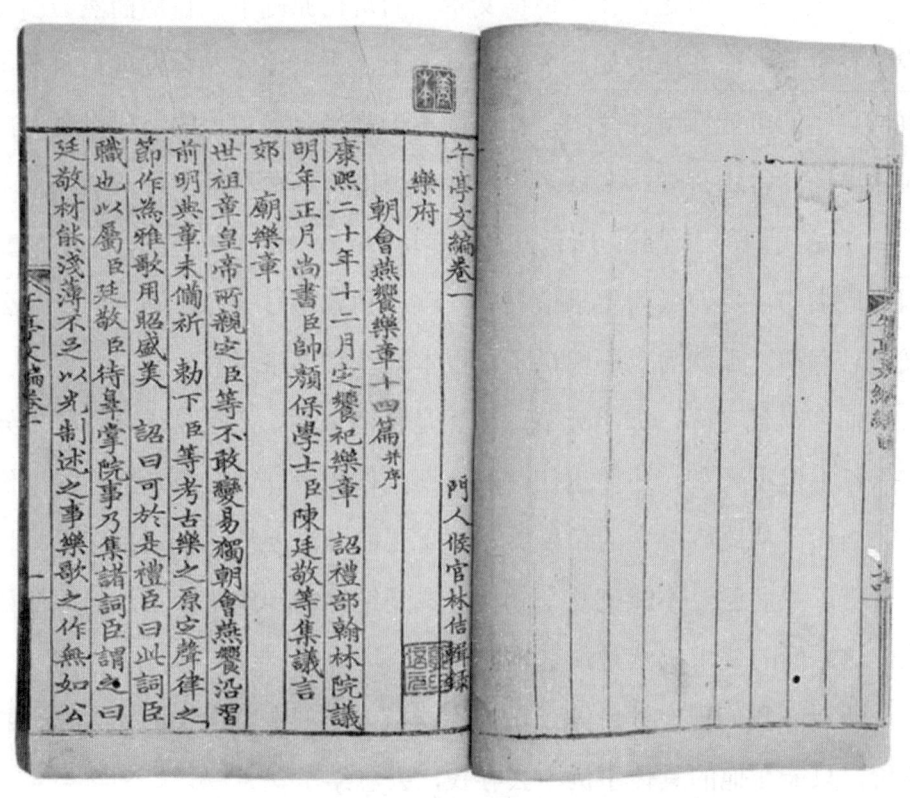

鸣盛"，其大部分诗歌为"台阁体"。

台阁体之称，始于明初的三位大学士，即杨士奇、杨荣、杨溥的创作。20世纪80年代以前，大陆学者一般对台阁体评价偏低，甚至予以批判。《辞海》（上海辞书出版社，1980年版）释"台阁体"曰："其特征是形式典雅工丽，内容多为粉饰太平和颂扬统治者的功德。"高校文科教材《中国文学史》（人民文学出版社，1964年版）在论述以"三杨"为代表的"台阁体诗派"说："所作诗歌都是歌功颂德、粉饰太平的作品。号称词气安闲、雍容典雅，其实陈陈相因，极度平庸乏味。"影响所及，使台阁体在人们心目中具有了贬义，故一般文学史和研究清代文学、清代诗歌的论著、论文，对大学士陈廷敬的诗作几乎一字不提。

台阁体仅是诗文的其中一体，本与内容无关。其体"典雅工丽""雍容典雅"，是形式上的特色；至于内容是否"歌功颂德、粉饰太平""陈陈相因，平庸乏味"，则需要分析具体作品才能得出答案。

《四库全书》中的《午亭文编提要》称："正值国家文运昌隆之时，而廷敬以渊雅之才，从容簪笔，典司文章，得与海内名流以咏歌鼓吹为职业。故其著述大抵和平深厚，当时咸以大手笔推之。"接着指出：陈廷敬与汪琬、王士禛"其诗文实各自成家，分途竞爽。虽就其才力之所及，蹊径不无稍殊，而要为和声以鸣盛，则固无异轨也"。其中所谓"咸以大手笔推之"，即《四库全书总目》所云"文章宿老，人望所归，燕许大手，海内无异词焉。亦可谓和声以鸣盛者矣。""燕许大手"，即燕许大手笔，指唐代中宗、玄宗时的燕国公张说、许国公苏颋。据《旧唐书·苏颋传》载："自景龙后，与张说以文章显，称望略等，故时号燕许大手笔。"

以上引文中，有几点值得注意：一是康熙朝陈廷敬任职期间，"正值国家文运昌隆之时"，这已是无须争议的历史事实；二是陈廷敬"典司文章，以咏歌鼓吹为职业"，这是说陈廷敬写诗乃是一种本职工作；三是说陈廷敬诗文的总体特征为"和声以鸣盛。"既遭逢盛世，自己又是高层御用文人，"出入禁闼几四十年"，以诗歌"和声以鸣盛"自是情理中事；四是以"燕许大手笔"评价陈廷敬的诗文，亦即认为他是台阁诗人之冠。

"和声以鸣盛"出自韩愈《送孟东野序》："抑不知天将和其声而使鸣盛国家之盛耶？"所谓"和声"，《午亭文编提要》的意思是，陈廷敬与汪琬、王士禛之诗文"固无异轨"。然观陈氏诗作，其"和声"应该理解为"治世之音安以乐，其政和"，方能把握陈诗的本质特征。正如其《南巡歌十二章》之《击壤》所写："蠲租除赋，赦过省刑，太和之化，洋溢万国。记曰：心和形和则天地之和应。此作乐之本也。"

沈德潜《国朝诗别裁集》选陈廷敬诗十五首，评曰"典质朴茂""风调音节，俱近唐贤"，翘楚者，首选《平滇雅三篇》。陈廷敬在《献平滇雅表》中说：

> 臣廷敬尝诵《诗》，见大小雅《六月》《采芑》《江汉》《常武》，皆言周宣王南征北伐，兴治拨乱，以定四方平天下之功。臣尝窃叹，以为如诗所载，可谓盛哉！……苟非其臣尹吉甫、召、穆公辈作为雅诗，传之于今，今虽欲望宣王之形容，又其辅佐之盛，其道无从；而宣王定四方平天下之功，亦不能赫赫必传于后世……方今功德盛隆，迈于周雅……而大雅不作，不胜惑焉……臣备员法

从，尤以文章为职业……谨撰平滇雅三篇，再拜以献。

沈德潜认为，《平滇雅三篇》可与柳宗元的《平淮夷雅》相媲美。其实陈作更强调"天心恻楚，悯怜下民"，寓有深意。《午亭文编·卷一》之《朝会燕飨乐章十四篇》《北征大捷功成振旅凯歌二十首》《圣武雅三篇》《南巡歌十二章》等，皆属此类。陈廷敬既然"以文章为职业"，又躬逢盛世，自必歌功颂德。关键在于：其一，康熙是否有功可歌、有德可颂？其二，陈之歌颂是否出于真情？其三，陈廷敬的诗艺究竟如何？

让我们看一看相关文献，并略作分析。

《清史稿·圣祖本纪》载：玄烨于康熙二十三年（1684）首次南巡时，"登岸行数十里，询耆老疾苦"。康熙四十四年（1705）南巡前下诏："所至勿缮行宫，其有科敛累民者，以军法治罪。"康熙四十六年（1707）南巡前下诏："南巡阅河，往返舟楫，不御室庐，所过勿得供亿。"康熙共南巡六次，亲临治河，作有《江南诸臣》诗："廿载安澜自有因，河干亲临至于频。白首常思善后策，青畴每念力农心……吴越山川犹在目，虽忘多景不忘民。"而陈廷敬给康熙讲经时就曾说过："存心于天下，加志于穷民，洞知闾阎之疾苦，历观稼穑之艰难。"上述康熙的言行，正是陈廷敬教导的实践。

陈廷敬在《南巡歌》第三章《淮水清》（述留漕也）中写道："淮水清，黄水波，中有漕船过……寒者待衣，饥者待哺。留船漕二十万石，行者得休，居者得食。感皇恩，歌以易泣。"第四章《江南北》（纪统免江南北逋赋）写道："江西北，江茫茫。吾君恩泽，江流与长。江以南，江以北，颂洋洋。缓新除旧赋，妇子偕乐康。"第五章，"纪免淮扬额赋"；第六章，"纪免浙江逋赋"；第七章，"纪恤商"；第八章，"述广入学额"；第九章，"纪免凤阳额赋"；第十章，"纪免山东额赋并赐缓征逋租也。"陈廷敬在《南巡歌•序》中说："乐府之作，皆以被之金石丝竹，荐之朝庙，用之家国，非徒为文字观美而已。"不难设想，陈氏将此作献上康熙后，必将进一步鼓励他施行善政，"用之家国"。

至于康熙八年（1669）下诏"永行禁止"圈地，以及平定三藩、收复台湾、击退沙俄入侵、平息准噶尔叛乱等功业，史学家早有定评。所以待遇优厚的帝王师歌功颂德，"和声以鸣盛"，便是理所当然、情之必至的事了。

陈廷敬在《岁暮题新诗卷与豫朋》一诗中说，"三百篇言一字，情"，以真情为三百篇之魂。他在《午亭文编》中的古体诗压卷之作《咏古四首•之一》又说："托志在大雅，讲德观王风，永言播声律，和平民所衷。"故其诗往往真情充溢，不能自已。康熙帝于康熙四十四年（1705）有诗赐陈廷敬，题曰：《览〈皇清文颖〉内大学士陈廷敬作各体诗，清雅醇厚，非集字累句之初学所能窥也。故作五言近体一律，以表风度》，诗云："横经召视草，记事翼鸿毛。礼义传家训，清新授紫毫。房姚比雅韵，李杜并诗豪。何似升平相，开怀宫锦袍。"予陈廷敬以极高的评价，将他比作唐代贤相房玄龄、姚崇，比之为诗仙李白、诗圣杜甫。这时，已六十八岁的陈廷敬"感激之下，涕泪零落"，以七律一首为答："衰钝何堪感至尊，频蒙激赏是殊恩。抛残绮语文焉用，老罢丹心事可论。一饭不忘如杜甫，平生无憾胜虞翻。传闻多恐遗青史，留取新诗示子孙。"陈氏在《史蕉饮过江诗集序》中又说："上尝有是言矣，赐廷敬诗序有曰：'清雅醇厚，非积字累句之学所能窥也'。于戏！此风雅之本原，诗人之极致，廷敬何足以当之！"所以他要"致身在报国，耻学时人甘肉食，深恩不酬良可惜。曾谁能缓旰宵忧，宣室苍生须借筹。"，要像贾谊那样献治国安邦之策，为帝王分忧解愁。在《题东坡先生集》中指出："斯文配天命，大化需人为。"感叹苏轼"何不陟辅相，致民如尧时！"于此可见，所谓"粉饰太平""陈陈相因、极度平庸乏味"的断语，是与陈廷敬诗歌的创作实际相去甚远的。

陈氏的多数诗作确属台阁体，但那又怎么样呢？"语言文章，各人有各人身份，唯其称而已。所以寻常妇人难得伟词，穷老书生耻言抱负。至于身厕戎行，躬擐甲胄，则辛稼轩之金戈铁马、岳武穆之收拾山河，固不能绳之以京兆之推敲、饭颗之苦吟矣。"陈廷敬的身份意识即廊庙意识，决定了他的创作必须与朝廷意识形态相吻合，以雍容平稳为风标标志，和声鸣盛，润饰鸿业。

陈廷敬有几首标准的台阁体诗，颇为著名。早年有《赐石榴子恭纪》："仙禁云深簇仗低，午朝帘下报班齐。侍臣密列名王右，使者曾过大夏西。安石种栽红豆蔻，火珠光迸赤玻璃。风霜历后含苞实，只有丹心老不迷。"《清史稿·陈廷敬传》曰："廷敬初以赐石榴子诗受知圣祖。后进所著诗集，上称其清雅醇厚，赐诗题卷端。"这首诗名为咏物，实则歌颂皇家气象，又以"丹心老不迷"形象地表白对康熙的赤胆忠心，颇似杜甫的《早朝大明宫》；而杜甫是"流落饥寒，终身不用，而一饭未尝忘君"。故康熙对此诗深为赞赏，"诵之至再"。陈廷敬晚年有《苑中谢恩蒙谕卿是老大人是极齐全底人臣感激恭纪二首》，其一云："敕旨已褒因旧学，口宣更许是全人。帝思风励先多士，天与恩光及老臣。

弱本似蓬宁自直,清非如水敢言贫。平生自守冰渊志,一语阳和鉴苦辛。"这首诗所抒发的感戴之情,确是出于一个臣子的真诚。陈廷敬的诗与王士禛诗相比,更切用于鸣盛以润色鸿业,自然更为康熙帝赏重,而陈亦能有当世之荣,却因此为近世读者所轻。其实,只要我们承认康熙之治在中国历史上是有重要贡献的,就不能不肯定陈氏之歌功颂德有历史的合理性。

除了颂圣、鸣盛、纪恩、恭和之作外,陈廷敬有不少诗抒写"相臣心事",表现了对朝廷要务的关注和对古代名相的倾慕。如《问蝗行》云:"下言小民吾根本,三时勤苦终岁饥。长官鞭笞吏卒怒,但向公府供轻肥。夏秋税粮分应尔,缓之数月谷庶几。"《南旺分水行》则赞赏济宁同知潘叔正建言开河通漕运和民间水利专家白英的功绩。对古代名相的倾慕如《谷城山在东阿东北五里》云:"子房年少时,击秦博浪中。""伏腊祠黄石,此义千古雄。"《平山堂》云:"欧公千载后,何人共跻攀?"沈德潜评陈廷敬《赠孝感相公》一诗说:"兵戎未停,疮痍满野,而以为民请命望之相臣。"评陈氏《渡江见焦山作怀林吉人》曰:"以不能荐贤为耻,相思不断,如水东流,尤见相臣心事",确为有见。

虽说庙堂文学自当以清醇典雅、雍容大度为正,这也是陈诗的主导特色,但他的诗风并非千篇一律。杨际昌《国朝诗话》卷一就指出:"泽州陈相国廷敬《闻笛》诗云:'一片长安秋月明,谁吹玉笛夜多情。关山万古无消息,肠断风前入破声。'丰致洒然,绝不妆点台阁气象。"此诗见《文编》卷十一。同卷又有《征途闻笛》云:"一片关山春月明,边愁遥起故园情。回思吹笛千门夜,落尽梅花送我行。"两首诗都是说"边愁",所以杨际昌说"绝不妆点台阁气象。"陈廷敬身为台阁重臣而"绝不妆点台阁气象",适见其真:颂盛世则出于至诚,写边愁则流露深情,殊为难得。据《午亭山人年谱》,陈廷敬九岁时曾赋牡丹诗,有句云"要使物皆春",人许以"将来必为名宰辅"。他晚年时又说:"文章图报国,只此是真诠。"陈廷敬的这几句童时和病中真言,是我们理解其诗作的钥匙。

刘然《国朝诗乘》选陈廷敬诗二十九首,评曰:"台阁之诗,工为应酬,虽藻粉铺张而其中无有,亦坐其人胸中无识……先生诸篇于沉博绝丽之余,寓感讽规切之意,长句片语,莫不称是。天人之相与,主臣之交孚,淋漓恺切,唯所欲言。要其忠孝蟠郁,蓄极而流,不可遏抑如此。诗乃为有为而作也!"刘然可谓真知陈诗者,他明确地将陈诗与"工为应酬"、空洞无物的大量台阁体诗划清了界限。

陈廷敬留存的两千余首诗篇中,题材甚广,抒情、叙事、写景、怀古、咏物兼备。其体裁包括古体杂言、四言、五言、七言,近体五、七言律绝以及古乐府、骚体。其艺术风格有宗唐学杜者、学韩者、宗宋近苏者,也有学王、孟、韦、颇具神韵者。故康熙诗坛盟主王士禛在陈廷敬诗序中予以高度赞赏:"自昔称诗者尚雄浑则鲜风调,擅神韵则乏豪健",而陈廷敬之诗却"能去其一短,兼其两长。"

徐乾学也指出:陈廷敬诗"固已备古、近之体裁,极抒写能之事,煌煌乎雅颂之遗,所以黼黻当世而润色鸿业。"

首先应予重视的,是陈诗中反映重大政治事件的作品。除前已论及的《平滇雅》《南巡歌十二章》等以外,再如《岁暮杂感二首》:

云山万里一雕鞍,急羽应须起谢安。

岭海梅花旌节远，江城金鼓戍楼寒。
苦吟独客身将老，小酌幽襟醉后宽。
旅兴易伤西望眼，数峰深翠路漫漫。

紫极青宵怅远天，桂阳险绝羽书悬。
题诗万马中宵动，草檄孤城百道连。
直北风云凭障塞，征南笳鼓在楼船。
将军前部何时到，雾散龙沙夜月圆。

　　康熙十二年（1673）十一月，吴三桂杀云南巡抚朱国治，举兵反清。贵州提督李本深响应。十二月二十一日，叛讯传至北京。这两首诗是陈廷敬闻讯后所写。第一首诗开宗明义，主张立刻起用文武韬略之重臣，率军前往平叛。"急羽应须起谢安"，表现了诗人心系国事的热切之情和对军事形势的洞察。谢安字安石，为东晋时尚书仆射，淝水之战中为征讨大都督，指授将帅大破苻坚军。时人常言："安石不出，将如苍生何？"李白亦有"但用东山谢安石，为君谈笑静胡沙"之句。全诗第一句，以"万里"与"一雕鞍"构成对比，不仅写出羽檄传书军情之紧迫，更有暗示形势危急之喻义，并与下句"急羽"紧密关合，从而逼出"起谢安"的必要性和紧迫性。第二联，"旌节远""戍楼寒"具体表现吴三桂独霸云南、中央政府鞭长莫及的现状。第三联回到眼前，写自己忧虑国事，所谓"醉后宽"是背面敷粉的写法，适足以托出"醒时焦虑"的形象。尾联以一个"伤"字点题，又以"路漫漫"一语双关，叙说惆怅不尽之忧思。

第二首第一句以一个"怅"字与第一首衔接,情感一气呵成。首联进一步具体表现"起谢安"之必要。颔联、颈联想象平叛大军的声威。尾联以"雾散龙沙夜月圆",预想平叛胜利,玉宇澄清,江山一统。这两首诗之神、形,俱近杜诗。

八年之后,平三藩之叛取得全胜,捷报传至京师。陈廷敬抑制不住激动之情,一口气写了《滇南大捷诗十首》。第一首云:"夜半传呼万岁声,边书送喜拔围城。霜天破贼烟尘静,不待新年贺太平。"

诗人与国运休戚相关,边书送喜贺太平,内心之兴奋溢于言表。

陈廷敬的目光从未离开现实的政治生活。其咏北征噶尔丹的《北征大捷功成振旅凯歌二十首》《圣武雅》,咏康熙帝南巡的《南巡歌十二章》等,均以洋洋洒洒的篇章歌咏了重大的现实政治事件。他的这些诗章不单单是一般的赞颂,而是在赞颂中紧紧结合实际问题,有感而发,真实而形象地记录了这一幕幕动人心魄的历史事件。其咏康熙帝亲征噶尔丹,称为"本意为销兵",即以战止叛,并终收"刻日边沙一战清"之奇效。诗人以饱满的激情,绘声绘色地讴歌了这场捍卫国家统一与完整、意义重大的亲征。在"萧萧龙笛出关声"中,雄师出征之壮观场面、战罢收军之恢宏气势与喜悦情景,以及"剑花弓月指云还,归路边庭障塞闲"等形象描写,以高瞻远瞩的视角,展示了征师浩荡凯旋后,广袤大漠随之安谧之事实。诗人虽未具体地描述征战之过程,但却抓住了征战中的关键,加以热情讴歌:

汉马河源饮欲干,夕阳万灶冷炊烟。
王鞭应有山灵护,指处三军见井泉。

宜阳时节草芊芊，便是穷荒大有年。
风伯雨师齐效顺，可知圣德格皇天。
算得西营计日粮，玉音才罢见封章。
悬知宿饱三军士，金革衔恩在战场。

战事在漠北即蒙古大草原上展开，数十万大军于此杳无人烟之数千里荒漠中，长途跋涉征战，最关键亦困难之问题集中在水源之查找、战马之喂养及粮饷之挽运等方面。对此，康熙帝十分关注，积极筹划，最终都顺利解决，保证了战事按预期进行。陈廷敬所咏即此。

幕南庭北接王畿，一道清尘捷骑飞。
四十九藩先拜舞，朔天养生在皇威。
九边万里抱神京，地尽遥荒戍不惊。
夜夜关门开晓月，天家本不用长城。

这是说蒙古各部心向朝廷，僻远遥荒之地亦一片宁谧，关门虽设而无夜警。这里吟咏的是康熙帝平叛取胜后，以人心为长城，即积极团结争取少数民族之正确方针政策之功效。诗人在另一组诗中亦有"黄图开拓要荒外，柔远何须闭玉关"之句，也是深情地赞颂国家的统一与社会的安定。将严肃的政治、军事等重大题材，以艺术的手法形象地展现出来，是陈诗不同凡响的重要价值与意义。这类诗篇可作为诗史来读。

陈廷敬关注民生疾苦，并反映到他的诗篇之中。如《桑林午食二首》：

底柱山前乱石村，十家今有一家存。
　　千岩万壑人踪在，正是皇朝赐复恩。

　　石田漠漠草菲菲，破屋炊烟四散飞。
　　行到前村还怅望，五年不见一人归。

　　同治《阳城县志》评曰："写兵乱凋丧后故里空村人烟荒寂之景，萧条满目，宛然如见，最得诗人抚时感叹之遗意，非深至于此者或未知也。"这两首诗真实地写出了清初战乱所造成的百姓家破人亡的社会现实。所谓"正是皇朝赐复恩"，究竟是恩惠大还是灾难大？陈廷敬当然明白，但他以如此曲笔来表达复杂的心情，正是诗人"抚时感叹"之遗意。元好问有"只知河朔生灵尽，破屋疏烟却数家"之句，陈廷敬《书元遗山集》云，"史公野史欲同群……秀容山色太行云"，以元氏后继者自命。从《桑林午食二首》中确实可以看到元好问对陈廷敬的影响。《大凌河夜风雷》云："阴风何漠漠，流水自凄凄。近海奔雷壮，临边苦雾低。空城鬼火出，废垒戍乌啼。野店寒更断，无眠听曙鸡。"诗人之"无眠"，当然绝不仅是风浪之声干扰，而主要是"空城鬼火"引发的感叹。全诗结句所谓"听曙鸡"，也只是一厢情愿的习惯而已，既为"空城"，何能听到鸡鸣？

　　《首山》诗，则忧虑肥沃的北大荒竟然无人耕作："太息炊烟稀，沃野无人耕。"虽只揭示现象，但批判之意自含其中。读者当然会问：造成这种现象的原因是什么？

　　"唯歌生民病，愿得天子知"，当是陈廷敬写这类诗篇的目的，希望促使康熙采取相应的措施，实行善政。在《长水道中重题沧波亭怀宋牧仲中丞》一诗中，这种意图表现得十分明显。诗中借"野老"之口说："又言我苏州，正赋天下冠。赋外曰火耗，似是冶与锻。不知始何年，长吏恣垄断。始初输一金，四三分兼间。后来至七八，实重吴人患。""火耗"是明清两代在正项之外加征的赋税。清初火耗极重，有高到百分之五十的。地方官又别立新名加以浮收，往往中饱私囊。陈以此诗揭露火耗制度的弊端和地方官盘剥百姓的劣迹，是希望朝廷改革弊政。

陈廷敬更以上疏的形式，向康熙直陈此弊，建议"通饬督抚：凡保荐府、州、县官，必确察其无加派火耗，无黩货词讼，无朘削富民……如保荐不实，严加处分。"康熙纳谏，"通饬督抚嗣后保举开列实迹，以无加派火耗等事为第一条。"陈廷敬以御史的身份进谏，取得了一般诗人不可能取得的实效。

以上的几首当中我最喜欢的是"只有丹心老不迷"一句。陈廷敬的诗就是这样，对古诗有模仿处，但又能自出机杼。时人曾对他的诗是宗唐还是宗宋存有争议，后来勉强说是学杜但是宗宋，不过对我们这些平仄都很迷糊的"新文学"继承者们来说，一首诗，能让我们感受到语言的美，体会到中国古典诗词的微妙之处，就已经很好了。至于陈诗中还带着一点李商隐好用典、喜模仿的调调，那就是喜欢的更喜欢，讨厌的更讨厌了。

《春江花月夜》号称"孤篇盖全唐"，现在读来，韵律方面不是很让人佩服，强处在意境和格调——长篇叙事诗就是有这个作用，在陈廷敬的诗作中，也有这么一篇：《哭张幹臣学士三十六韵》：

友朋既零落，贤哲几凋伤。习俗交垂丧，清流独奋扬。
斯人高位置，吾道岂摧藏？泗水三千士，尼山数仞墙。
颜瓢堪陋巷，由瑟已升堂。经阁初刊谬，名山续补亡。
霸图羞管乐，儒略慕轩唐。凤昔延英殿，追游供奉行。
衣冠存正色，星宿丽寒芒。步缓晨趋珮，归迟晚袖香。
苦心随豹尾，失涕近龙床。奏对封章切，言词面诤长。
讲筵多献替，词馆自辉光。㶷赫雷霆下，昭回日月傍。
薄游辞宛洛，厚谴得江乡。帝念深依眷，天心顿激昂。
再三中旨召，敦迫舍人装。纵斧千寻干，洪炉百炼钢。
屏羸看吐舌，疾病见刚肠。燕寝须眉在，春灯骨肉凉。
盖棺犹布被，易簣只空囊。尚冀收遗草，临危绝谏章。
治安难画策，存殁易沾裳。铜马三军愈，金戈万户疮。
鼓鼙思大将，肺腑托天王。富贵恩宜报，艰难志敢忘。
寒蝉咽危露，鸣凤集高岗。天路嗟颠折，泉台恨渺茫。
孤儿将旅櫬，十口寄边疆。黯黯初扃户，凄清旧直房。
此行歌薤露，何地哭悲杨。素幕逢寒食，归舟傍战场。
关山尘漠漠，江汉路苍苍。宿草樵苏乱，新阡燧火荒。
大名身寂寞，流恸泪沧浪。哀挽交期罢，千秋有范张。

张干臣，即张贞生，字干臣，又字篑山，江西庐陵人。顺治十五年（1658）进士，官至侍讲学士。为康熙时与熊赐履齐名的理学家。陈与张为莫逆之交。康熙十年（1671），张贞生上疏谏阻遣大臣巡察，以越职言事降二级罢官，归故里。康熙十四年（1675），奉旨召用，至京病逝。

陈廷敬这首诗对这位生死之交的直臣之死表示了极大的悲痛："此行歌薤露,何地哭悲杨""大名身寂寞,流恸泪沧浪。"他早逝之因当与被贬有关,而遭贬则是由于"奏对封章切,言词面诤长"。这就包含了一个"冤"字,增加悲痛的深度。诗中回顾了张贞生"清流独奋扬""刊谬""补亡""献替"等功绩,高度评价他"霸图羞管乐,儒略慕轩唐"。又以"一箪食,一瓢饮,在陋巷。人不堪其忧,回也不改其乐"的颜渊来比喻张贞生安贫乐道的生活状态("颜瓢堪陋巷")。这就使人由尊重、同情油然而生深沉的叹惋之意。全诗结句用典:"千秋有范张。"准确地表达出陈与张坚贞不渝的生死之谊。

《后汉书·范式传》载:范式与张邵在洛阳结为好友后各自返乡。范居山阳,张住汝南,相隔千里。范式在分别时曾言,两年后将赴汝南拜见张邵的父母。至期,范式果然来到。其后张邵病危,恨不能一见范式。范式忽然梦见张邵说,我于某日死,君能送葬否?范于是立刻千里奔丧,素车白马,号哭而至。送葬者千余人"咸为挥涕"。范式又住在坟地,植树护墓后才离去。而陈廷敬在张贞生被革职回乡之际,就不避风险地写了《送张篑山归庐陵》一诗;其后,又写了《张篑山学士以言事左迁归里赋赠二首》,明确表示赞赏张贞生"危言切"的"赣直情"。可以说,陈廷敬与这位直臣的友情,已经犯了一个朝臣的大忌。故此诗以"千秋有范张"一语总结全诗,可谓言简意赅,十分贴切,省去多少笔墨。

还有一点应当指出:这首诗既已含为张贞生鸣冤之意,则难免令人认为陈廷敬在指责朝廷处罚不当。怎么办?必须得有颂圣之语:"帝念深依眷,天心顿激昂。""再三中旨召,敦迫舍人装。"张贞生死后,朝廷"尚冀收遗草"。此外,还必须得说明张贞生对朝廷的忠心:"苦心随豹尾,失涕近龙床。"陈廷敬可谓用心良苦,又深得诗人讽谏之旨。

诗人的名声,一半来自于作品,一半来自于同行的评价。倘若这个人的诗本身还不错,评价者在评价其作品时,又能够有比较系统的理论出来,那他的评价力度就会大大不同,这个诗人也顿时会成为海内名家。清初诗坛,就有这么一位诗评家,他是王士禛。

王士禛在《渔洋诗话》中言:"陈说岩廷敬相国少与余论诗,独宗少陵。略记其一云:'晋国强天下,秦关限域中。兵车千乘合,血气万方同。紫塞连天险,黄河划地雄。虎狼休纵逸,父老愿从戎。'"在《题说岩相国午亭图兼留别三首》之一中又说:"太行西来龙蜿蜒,析城王屋相勾连。中有歧公好泉石,风流千古两樊川。"将陈廷敬比为唐代大诗人杜牧。在为陈诗集写的序言中,又对陈诗多样的风格予以赞赏。

而陈廷敬则在《河间道中怀阮亭》诗中说:"陶谢吾生晚,斯文厄横流。非君展心目,千古谁冥搜?"令人联想到元好问论诗绝句:"汉谣魏什久纷纭,正体无人与细论。谁是诗中疏凿手?暂教泾渭各分明。"陈廷敬将王士禛比作直承陶渊明、谢灵运的诗中"疏凿手",予以极高的评价。

陈廷敬"独宗少陵",而王士禛之诗则近于陶、谢、王、孟一流,这是其不同;但王既由陈推荐擢升为同僚,作为诗人又互相倾慕。二人惺惺相惜,实为诗坛佳话。

值是注意的是,陈廷敬写诗并不求与"有高名"的王士禛略同。他认为这不仅是"才质使然",更是为了"求至于吾道"。所谓"道",主要是指周公孔孟的礼乐文化与仁政爱民之道。这说明陈比王更自觉地重视诗歌的政治教化功能。其次当为诗艺和创作规律的探讨。姜白石有言："作诗求与古人合，不若求与古人异；求与古人异，不若不求于古人合而不能不合，不求与古人异而不能不异。"

陈廷敬《和贻上嘉陵驿见怀》云：

> 客里音书寂寞迟，西风过雁苦参差。
> 穷交别后三年泪，好事传来八子诗。
> 杜曲寒花秋送远，嘉陵古驿夜相思。
> 销魂桥外残阳树，衰柳天涯忆汝时。

诗题表明：收到王士禛"见怀"（即怀念自己）的诗，奉和一首。首联写终于收到王士禛的"客里音书"，"迟"字说明陈廷敬对王士禛消息的企盼。"过雁"，则以雁行（兄弟行）比拟二人的关系，"苦参差"表示离别之苦。颔联除进一步写思念之苦外，又表达了"君子之交淡如水"的意思。所谓"八子诗"，指康熙十一年（1672）刊出的吴之振《八家诗选》，选了程可则、宋琬、施闰章、王士禄、王士禛、陈廷敬、沈荃、曹尔堪八人的诗。他们都在京师为官，常有文酒之会，唱酬颇多。以后这八人即号称"海内八家"。颈联上句写我对王的思念，有"折梅寄江北"之遗韵；下句写王对我的思念，以致夜不成眠。"杜曲"指自己所居之处。陈氏《午亭山水图诗序》云："盖予所居樊川终累牧之城南下杜之称。"陈廷敬的故乡中道庄南临樊川，而唐之杜牧则居于长安南之樊川，名杜曲。故王士禛赠陈诗中将他与杜牧相比为"风流两樊川"。尾联令人联想到稼轩词"斜阳正在，烟柳断肠处"；"销魂"，极言离别相思之苦，江淹《别赋》中有："黯然销魂者，唯别而已矣！"

陈廷敬写故乡风光的，除了前面我已经说过的那首《洞阳山》，还有写太行山风光的《太行四首》，其中我最喜欢的是第四首：

> 绝巘登临兴未孤，白云回合尽平芜。
> 界分韩魏初盟土，表里山川旧帝都。
> 曾度千峰趋大漠，懒从五岳问真图。
> 更见天上黄河水，长作岩前雪练铺。

说实话，陈廷敬是清人中少见的能够把音韵之美贯彻始终的一位诗人，在《太行四首》中，表现得尤为明显。

从康熙至乾隆间，出现了多种清诗选本，都选入陈廷敬的诗。如康熙年间的吴之振《八家诗选》，选陈诗 214 首；魏宪《皇清百名家诗选》，陈诗 60 首入选；王士禛《感旧集》，陈诗 26 首入选；陈维崧《箧衍集》，选"高雅恬澹"的陈诗 4 首；邓汉仪《诗观三集》，选陈诗 20 首；吴蔺《名家诗庭》，选"真学问、真性情"的陈诗 10 首，刘然、朱豫《国朝诗乘》，选陈诗 29 首。陶煊、张璨《国朝诗的》，陈诗有 13 首入选。

雍正十二年（1734），陈以刚等辑《国朝诗品》，陈诗入选的达 43 首。

乾隆二十三年（1758），沈德潜《国朝诗别裁集》选入陈廷敬"典质朴茂，风调音节俱近唐贤"的诗 15 首。

清末张维屏《国朝诗人征略》引陈诗数首，并录十余首诗之摘句。其后，徐世昌辑《晚晴簃诗汇》，收陈廷敬诗 13 首。

清人诗话、文集、笔记中论及陈廷敬诗者难以完全统计。例如：王士禛《渔洋诗话》、延君寿《老生常谈》、杨际昌《国朝诗话》、查为仁《莲坡诗话》、郭兆麒《梅崖诗话》、李光地《榕村语录》、赵士麟《读书堂全集》、梁章钜《浪迹丛谈》、吴长元《宸垣识略》，徐锡龄、钱咏《熙朝新语》、戴璐《藤荫杂记》等。

当然，这里还有两首绝句，在所有选本中都存在，并且被后世学者拿来反复咂摸，不得不提：即《阅旧诗有感二首》：

> 枝辞吾岂敢？
> 撼树亦徒然。
> 诗未因官减，
> 名须与世传。

> 生涯同逆旅，
> 晚节谨归田。
> 后五百年外，
> 当为知者怜。

这两首诗在这本书中也有很重要的意义，我们之后在谈它。

一个诗人，想要提升自己的格调，需要在诗歌理论方面有所成就，这也是几乎每个有所追求的诗人的自发要求，不过大部分只是"心向往之"，但力不能及。正因此，也才凸显出能够做到者的出色之处。陈廷敬在晚年，成功地完成了这样一部作品。

康熙二十七年（1688），陈廷敬五十岁时，完成了一部《杜律诗话》。

这是他研究杜诗的体会，也是为培养儿子学习杜诗。《杜律诗话》精选杜甫五十五首七言律诗，一一为之解说。

"诗话"，是中国古代诗歌理论批评的一种体式。这种体例的发展过程，大致可分为三个阶段。早期的诗话，其内容基本上为诗人和诗作的琐事逸闻，其写作目的是"集以资闲谈也"（欧阳修《六一诗话·自序》）。此后，诗话的内容不断扩大，包含了"辨句法，备古今，记盛德，录异事，正讹误"（《彦周诗话·自序》）。第三个阶段，诗话的内容越来越集中于谈论诗歌创作和诗歌理论问题，奠定了其理论批评的性质。如严羽《沧浪诗话》、李东阳《怀麓堂诗话》、王夫之《姜斋诗话》、王士禛《渔洋诗话》等。《辞源》"诗话"条下有两个义项：其一，评论诗篇或记载诗人故实的著作。其二，宋代说唱文学的一种，略如平话之类，有诗也有散文，如《唐三藏取经诗话》，每节前为说话，末系以诗，故曰诗话。

陈廷敬的《杜律诗话》，与前人所著的大量《诗话》不同。通观其二卷全部文字，若题为"杜律新解"，似更为切合实际。其体例是先破后立，即先引较为通行的谬说或误解，予以驳斥，再申说己意。其间旁征博引，又时出独得之悟。可以说，《杜律诗话》开创了诗话的一种新体例。《杜律诗话》所选的五十五首杜甫七言律诗，都是当时颇为称道的杜诗七律的代表作，但注家们却有不同的理解。有的解释具有权威性，影响很大，但陈氏认为其解是错误的，于是特为辩证。在《杜律诗话》的"自记"中，陈氏认为："杜诗说之诚难，而律诗尤难。盖古诗如《哀江头》《洗兵马》等篇，文义事实有可推考；律诗则托兴幽微，寓辞单约，说之故尤为难。"他"尝见世所传诸家解杜诗，意多不合"，所以他讲授杜诗时，"多用己意"。

《杜律诗话》提到的解诗有误的"注家"主要有钱谦益、金圣叹、朱鹤龄、顾宸之、王士禛等。《钱注杜诗》刻于康熙六年（1667年），金圣叹《杜诗解》刻于康熙十八年（1679年），朱鹤龄之杜诗注在康熙朝已盛行于世。王士禛则为当时诗坛领袖，比陈廷敬大六岁。此外还有一部影响更大的仇兆鳌的《杜诗详注》，但其自序写于康熙三十二年（1963年），书刻于康熙四十二年（1703年），比《杜律诗话》晚了十几年。仇氏《杜诗详注》之"凡例"中，已列举出"泽州陈冢宰之《律笺》"（即陈廷敬《杜律诗话》），并于诗注中多处引用《杜律诗话》之解释，表示赞同。可见《杜律诗话》在当时已引起学界重视，产生了积极影响。

试举一例。杜诗《题郑县亭子》：

巢边野雀（一作鹊）群欺燕，
花底山蜂远趁人。
更欲题诗满青竹，
晚来幽独恐伤神。

陈解：或谓雀欺燕、蜂趁人亦即景所见，不必谓喻群小谗谮。

按：此诗明有寄托，亦不必概去之。诗无他意，强作附会；诗有寄托，反谓无他，皆好异之过也。

这里表现了陈廷敬求真务实的科学精神。陈氏指出此诗为乾元元年

（768）杜甫赴华州司空时作。按：乾元元年，杜甫因进言救房琯，由左拾遗贬为华州司功参军。房琯实为贤相，但为宠臣崔圆等嫉恨，因细故被举报，遂致遭贬。杜时为言官，理应进谏，然亦牵连外放。故诗中所言野雀欺燕、山蜂趁人，自怜幽独，实为有因。杜甫曾说过："唐尧真自圣,野老复何知？"（《秦州杂诗》）"恨无匡复姿，聊欲从此逝。"（《郑樊侍御》）也是在发政治牢骚。所以杜甫于乾元二年（769）即弃官而去。陈氏认为"此诗明有寄托"，是符合实情的。

陈廷敬的《杜律诗话》，貌似分散，不成体系，但在别解杜诗的过程中，确实包含着丰富的有价值的诗论观点和富有创意的多样实用的论诗方法，为我们分析古典诗歌提供了很好的借鉴。我们看陈廷敬的《御定全唐诗后序》，简直是一篇简明的古代诗史。无怪乎他对杜诗的地位和成就有宏观的比较和把握。再加上他也具有与杜甫一样的"致君尧舜上，再使风俗淳"的理想和类似于杜甫的"忠爱之心"，于是，在传统文化深厚滋养的基础上，在自己长期精研杜诗并进行大量的创作实践的过程中，陈廷敬写出具有传世价值的《杜律诗话》，在当时即产生了广泛的影响。而其研究方法，更有积极意义。

考虑到陈廷敬独尊少陵，再想想杜甫的词之烂，就能明白《午亭文编》为什么没收词作了。

丁绍仪《听秋声馆词话》卷十云："我朝如汤文正斌、陈文贞廷敬、陈勤恪鹏年，文章经济，媲美前贤。亦有词句流传。"文贞《红窗听》云："玉轸霜弦欣暂倚，更何必，醉从燕市。窗灯帘月闲相对，觉吾将老矣。目送手挥聊复尔，正良夜、碧天如水。漏声初起，征鸿过尽，索乡愁难寄。"康熙《钦定词谱》之"凡例"，奉旨开列第一名"南书房总阅官",就是陈廷敬。但《午亭文编》未收"诗之余"的词。

今所见陈廷敬词六十五首,除《听秋声馆词话》所引之《红窗听》外,其余六十四首均见于《尊闻堂集钞》。计有《水调歌头》二首,《满庭芳》三首,《满江红》二首,《点绛唇》三首,《虞美人》二首,《望江南》二首,《朝中措》二首,《菩萨蛮》二首,《南歌子》三首,《浣溪沙》十首,《临江仙》三首,《减字木兰花》二首,《如梦令》二首,《八声甘州》《南浦》《解连环》《贺新郎》《西江月》《浪淘沙》《沁园春》《桂枝香》《唐多令》《长相思》《鹧鸪天》《谒金门》《千秋岁引》《千秋岁》《生查子》《声声令》《江城子》《两同心》《蕙兰芳引》《洞仙歌》《清平乐》《何满子》《木兰花慢》《好事近》《太常引》《品令》各一首。虽然词作数量不多,但诸调均有,连同《红窗听》,所用词牌达四十个,可见其谙熟程度。

挑一首给大家看看。《浣溪沙》十首其二:

> 谁放高楼玉笛声,关山无限曲中情。离人已老不须听。
> 杨柳闺中春万里,琵琶塞上月三更。碛沙惊雁惯飘零。

严迪昌《清词史》论陈廷敬说:他是京城大僚文人中的有重望者,诗文均精,以词名一时,有作品传世。(江苏古籍出版社1999年版)肯定了陈氏在康熙词坛的地位。

陈廷敬的诗歌创作既然取得了如此高的成就,为什么"生前显赫,死后寂寞"?从清末至今的百余种文学史著作中,大多一字不提陈廷敬。谢无量《中国大文学史》和严迪昌《清诗史》《清词史》虽略有提及,但三处合计不足百字。1984年人民文学出版社出版的《清诗选》，选清诗人一百五十余人，但并没有陈廷敬。

　　细究其来，主要原因就是我们之前反复说的所谓"爱国"之情与士大夫的道德观。陈廷敬的台阁诗与清初大多数汉族知识分子的心态不合。幻灭感是弥漫在康熙年间知识分子中的一种剪不断、理还乱的时代情绪。尽管这一时期的整体政治、经济状况是比较好的，但在汉族知识分子的内心深处，却是一片精神的废墟。他们尊为正统的大明王朝，他们视为神圣的"夷夏大防"之观念，突然瓦解和受到现实的质疑。一种文明、一种价值体系的盛衰无常，一个有过伟大历史的民族转眼间就被另一个民族的马蹄所征服，还有比这更能促发幻灭感的事吗？这种幻灭感在所有的文体中都有引人注目的表现。在词中，有陈维崧的《点绛唇·夜宿临洺驿》，更有朱彝尊的《卖花声·雨花台》。在戏曲中，有《长生殿》第三十八出《弹词》，更有《桃花扇》续四十出《余韵》："俺曾见金陵玉殿莺啼晓，秦淮水榭花开早，谁知道容易冰消。眼看他起朱楼，眼看他宴宾客，眼看他楼塌了……残山梦最真，旧境难丢掉，不信这舆图换稿！诌一套哀江南，放悲声唱到老。"甚至当毛宗岗修订《三国演义》这部直接描写政治军事斗争的历史演义时，也引了杨慎的"是非成败转头空"冠于卷首，体现了一种饱经沧桑后的幻灭感。在这种时代氛围中，陈廷敬的规范化的台阁诗风是不合时宜的，既无助于化解遗民诗人的嗔怒之气，又不能与朱彝尊、孔尚任这类作家内心深处的幻灭感衔接。

　　另外还有一点不得不提，受20世纪初"文学革命"，乃至20世纪六七十年代"文化大革命"的影响，陈廷敬的诗不受欢迎，也是情理中事。自从陈独秀提出"推倒雕琢的阿谀的贵族文学，推倒陈腐的铺张的古典文学"的口号后，如陈诗这样的贵族古典文学自然在被打倒之列，怎么可能在文学史上给予其一席之地呢？

但我们现在从重新发现的角度来看，如果不再把文人视为"准官员"（准备做官之人），也就是去掉虚伪的官气，也把批判性的民族大义暂且抛开，单纯看诗词，便会发现，陈廷敬的一个最可贵的品质已经有所展现。

"报国"是陈廷敬写诗的目的，道统、学统、文统的整合，则是他诗歌创作的基本内涵。他在《午亭文编》的自序中说："将以力之所近者，求至于吾道焉已耳。"在《吴元朗诗集序》中说："文之精者无如诗。夫文以载道，诗独不然乎？"在《癸未会试录序》中说："道尊而学正，学正而文兴。"他又特重理学"躬行"之旨，故他的学生林佶说他"为诗古文词，贯文与道而一之。"

姜宸英也指出：陈廷敬的诗文"理骈于中而文暴于外。其所言者，皆得乎性情之正，而所述者无非仁义道德之旨也。则可谓富哉！信乎其为载道之文欤！"

陈廷敬所谓"道"，即尧舜禹汤文武周孔之"道"。他认为："尧舜禹汤文武以道学而为君，皋陶伊尹周公以道学而为相。上下两千年，入乎此则君明臣忠而天下以治，出乎此则君暗臣邪而乱已随之。至于春秋，道学之统不在君相而在师，是以孔子为道学之大宗也……今天子以圣人而为君，行尧舜禹汤文武之道，将必有如皋陶伊尹周公其人者以为之相。"陈廷敬以帝王师而居相位，其内心深处，实隐然以周公、孔子高自期许。这当是他几十年如一日，兢兢业业，忠于职守，学以致用，终成"完人"的内在动力。

《午亭文编》卷首《朝会燕飨乐章十四篇》之《庆平章》写道:"帝仁如天,帝明如日。亲贤任能,爱民育物。礼备乐成,声教四讫。"这便是陈廷敬主张的道、学、文一以贯之的理想境界。

这个"道",并不是虚幻的,也不是一蹴而就的,并且也不只体现在诗词之中。而最可贵的,恰恰就在于陈廷敬没有让这个"道"只体现在诗词当中,而是贯穿在了自己一生的执政行为当中。这也是我认为我们这些后来者更应该看重的宝贵的东西。

第四节　勤治学以备民瘼

看陈廷敬的年谱，结合他的文章，你会发现有三个时段格外的重要：中进士之后在翰林院学习的三年；康熙元年（1662）因母病请假回家探病的三年；康熙二十七年（1688）因亲家张汧案离开官场，但仍在京的两年。

在翰林院的三年，是陈廷敬拔高眼界、奠定基础的三年；张汧案的两年，是其转变风格、走向晚年的两年。真正要说最重要的时间段，是请假归家的三年，这三年，是奠定陈廷敬整个思想基础的三年，严重点说，则是形成他人生观、世界观的三年。可这三年，也是最神秘的三年。当然，目前没有任何直接资料能够证明我们的判断，只能从前后变化和大概方向，进行尽量合理的推断。

清朝考试制度承袭明制，规定会试为三年一次。但在顺治初期，清政权尚不稳固，亟需人才，除三年一考外，经常增加恩科，所以有时几乎连续两三年都举行会试。顺治十五年（1658）举行会试时，头一年刚刚中举的陈廷敬便去北京参加。按照一般情况，举人参加会试第一次不中或连续不中者大有人在，而陈廷敬却一试而成，旗开得胜，考中了进士。

据明清《进士题名录》载，顺治十五年的会试，共取进士三百四十三名，其中一甲三名，二甲八十名，三甲二百六十名，而陈廷敬的名次为三甲第一百九十五名（按：《午亭山人年谱》记陈廷敬为二甲进士，误）。当时进士的出路分为三等：一等者，一甲三名，即状元、榜眼、探花，直接入翰林院，状元授职修撰，榜眼、探花授职编修；二等者，从二甲、三甲进士中挑选若干人，再经过考试（很多情况下是皇帝亲试），确定为庶吉士；三等者，即未被选为庶吉士的其他二甲、三甲进士，被授予知县、主事等职。这一科进士发榜之后二十天，顺治帝发布上谕："朕惟庶常（庶吉士）之选，所以储备人才，允宜慎重，故详加简阅，亲行考试，兹取马晋允、杨正中……山西泽州人陈敬……熊赐履、熊赐玗、李天馥……直隶通州人陈敬等三十二人俱为庶吉士，即传谕吏部遵行。"陈廷敬被选为庶吉士了。

"庶吉士"是"庶常吉士"的简称，又可简称"庶常"。选用庶吉士制度始于明朝洪武年间，永乐二年（1404）开始专属于翰林院。清朝从顺治三年（1646）起就承袭了明朝的庶吉士制度，在新考进士中选取庶吉士。清朝以来的一些著述中，有的说"庶吉士非官也，散馆乃授七品"，有的说被选中庶吉士就取得了翰林的预备资格。就因为庶吉士非一级官职，所以无任何职权，也无俸禄，每月由户部提供"廪饩"银（即生活费）四两五钱。庶吉士在翰林院庶常馆学习后，再经过考试，称"散馆"，合格者才能授予官职。庶吉士入庶常馆学习，时间为三年，不仅规定有一定的学习内容，而且有严格的学习制度。

顺治帝很注重庶吉士的学习，不仅有时亲自主持庶吉士的考试，而且还经常与一些庶吉士接触。陈廷敬在庶常馆学习期间，颇受顺治帝的赏识。据白胤谦说："检讨君（陈廷敬已于顺治十八年，即1661年，任检讨）时弱冠，翱翔玉堂，所译习之业，往往蒙上赞许。"另据陈廷敬自己的叙述："与承恩等三人读书翰林中，上尝幸景山、瀛台、南苑，辄召以从，赐坐，延问如家人。"这就是说，顺治帝经常召见陈廷敬谈话，赞扬他的学习成绩，并且"延问如家人"。由此可见，在庶吉士学习期间，陈廷敬就受到了顺治帝的器重。顺治十八年（1661），可能是因为陈廷敬的学习成绩优良，在庶吉士未散馆前，就曾充任会试同考官。

在一些清代的著述中，谈及庶常馆的学习，给人的印象只不过是只学诗赋之类，学习的要求也不很严格。其实不然。根据近年来发现的顺治朝《庶吉士进学条规》中的规定，庶常馆既有平时授课，即"简命教习，凡有训诲，满汉诸士必恭敬受听"，又须定时完成作业，"每月作课四篇，文二，诗二"；必须"清晨入馆，申时乃散"，又不能迟到早退，还要"每月赴内院考试"，以便定期考核。而且有时皇帝要亲自主考。在馆内任教的教习，也称馆师，都是由皇帝任命。顺治时的教习一职，多是遣派学识渊博的翰林院学士以及掌院学士充任之。至于庶吉士们要学习的内容，该《条规》第一条就规定："圣贤之道具在六经。旧例诸士入馆后，本经之外别治一经，必须熟读背诵，与同经者讲究，务求实有心得。俟一经既明，乃再治一经。期以三年，五经皆遍。外加古文、唐诗，悉听馆师掣签背诵。次则观史传，考究古今得失……"可见，庶常馆内以经学作为主课，外加文史等，只学些诗赋之类的说法是不正确的。

从上述种种规定和学习内容看，庶常馆与一般的书院似乎无大差别，当然要比一般书院更健全些。因此，近年来学术界有人认为庶吉士之设，是清代科举制度的完善和延续，"完全可以将其看作是中国自己的研究生制度"。这种见解是有道理的。这样的学习环境，对于一心治学的陈廷敬来说，正是一个绝好的机会，等于又读了三年的研究生。而在这三年中，他发奋攻读，从不懈怠。因为他学习成绩优异，不仅在散馆时考试成绩"第一"，并且还经常受到顺治帝的"赞许"。如果说他被选为庶吉士前多年的寒窗苦读是侧重应付考试，那么这三年的学习则是重在研究学问。

但是，研究真正的学问，就必然要形成自己的思想。想要学得好，就不能人云亦云，要把学问变成自己的。换言之，就是逼着陈廷敬建立自己的世界观和人生观。而一旦学问进展到这个地步，就一定会产生瓶颈，陈廷敬的瓶颈就在于：他建立的世界观和人生观和他之前的经历有矛盾。

儒家经典，号称"三坟五典，八索九丘"。真要细究，几乎能够把世间所有的道理全都囊括进来。这其中有正有反，有偏有倚。汉儒治经是"家学"（所谓"家学渊源"即出于此），一家之言就是开端；之后更有"六经注我，我注六经"的风潮，经典的解读变成各自世界观的具体反映；再之后又有假托经典解读不同，实为派别对抗的"今古之争"；后来朱熹联合二程奠定了将儒学再次推向高峰的理学。不过，即便朱熹甚至都被称为圣人了，也没有真正做到统一儒家，中间还夹杂着张载的关学，之后还有王阳明的心学。而且每个"学"之中还根据时间和领军人物的不同分了很多的"派"。所以儒学虽说是一门统一的"学"，但自从汉武帝"独尊儒术"之后，作为掌权者所推重的思想理论，其中的每一个派别实际上都体现的是赤裸裸的权力之争，与学术本身的关系已经没那么紧密。这就苦了后世学子。每一代成型的派别学说,都会被后世看作儒学的一部分,可能会因为当前的政治需要否定一部分,但留下来的毕竟是大多数。所以"学说"一定是越来越多,越来越厚;学生们需要学习的,也就越来越繁杂。虽然也会有正统理论,但不正统的,也不是就要一棒子打死。更何况,庶常馆本来就是要让学子们多接触经典的地方,因此假如在庶常馆待着却没有疑惑的,只有两种人:要么,学问极好,参加会试、殿试,进入庶常馆之前就已经坚定了自己的人生目标,选择了自己的理论体系,任何其他的学说都只是借鉴,而不会让自己产生动摇;要么,就是不把这难得的机会当作进修学问的良机,而汲汲营营于其他事情。陈廷敬入学的名次是三甲第一百九十五名,到毕业时却已经是散馆第一,可见,他明显不是这两种。既然好学,可学问本身又经常出现相悖的情况,产生疑惑就是再正常不过的事情了。

在一般人身上出现这样的瓶颈,解决办法无非两种:第一种,找到一位能让自己心服口服的名师,由他来醍醐灌顶;第二种,带着困惑前行,随着时间和阅历的增长,自然而然地形成适合自己的理论体系。这其中,第二种虽然成功率没有那么高,也更消极一些,但却是大多数人的选择。原因无他,名师难求。

但陈廷敬不同。

大学士李光地在《说岩陈公墓志铭》中是这样说的:"公生有异秉,九岁尝赋牡丹,有'要使物皆春'之句,闻者已惊其度。博涉经史,爱河津薛文清《读书录》,所得尤多。"李光地这段话,说了两个意思:其一是说陈廷敬自幼就有作诗、治学的天赋;其二,也是主要的,是说他受明末学者薛瑄的影响。现在看来,确是如此。因为不仅李光地是这样讲的，陈廷敬自己是这样讲的，很多熟悉他的人也是这样说的。例如姜宸英在他写的《大司农陈公寿宴序》中评述说："公自志学，即以圣贤自期，得心法于其乡薛文清公《读书录》。"林佶也说他"作为诗古文词，其标准一以河津为的"。可见，陈廷敬走上治学的道路是与他少年时读了薛瑄的著作分不开的。

薛瑄何许人也？明代理学家，"河东学派"创始人。人们评价他"上接朱子"，就是说他承接的是朱熹的理学思路。门徒遍及山西河南关陇一带，盛时，其势"几与阳明中分其感"。也就是说，有明一代，学脉二分，南边是阳明心学，北边就是薛瑄朱学。陈廷敬的家乡阳城正是薛瑄思想传播的中心地带，成为信徒并不奇怪。而奇怪的是，廷敬一生的作为，包括他的文章，却并没有多少薛瑄的影子。

据《午亭山人年谱》：陈廷敬"康熙元年……请假回籍，得河津薛文清公之书，专心洛闽之学。"研究薛瑄本是他幼年的夙愿，又有了在庶常馆学习经学的基础，所以在学问研究上就很容易取得成果。从《午亭山人年谱》和一些有关资料看，陈廷敬的《困学绪言若干则》《蓍卦赋》《河图洛书赋》《伏羲先天策数本河图中五解》等研究经学的文章，可能在此时就已成稿，或者是此时有了初稿，后来又修改而成的。

洛学，就是二程的学说；闽学，则是朱熹的学说。说来说去，还是在说陈廷敬一生的学问是在理学之上。

说到这里，我们得澄清几个概念：儒学，经学，朴学，实学。

前面说过了，儒学实际上并不是一个精确的学术概念，或者说因为儒学长时间以来一直处于思想领域的统治地位，所以很多其他的学说改头换面，加入了儒学。因此可以说：到了清朝时候的儒学已经成为一个集合概念，几乎整个文字和思想方面的学问都可以放到这个概念里去。

经学也是类似，不断地外延其边界。最初的经典只有五部，然后到六部、九部，之后是十二部，直到最后的十三部——所谓"十三经"的提法就是这么来的——就可以看到经学外扩的态势，更何况还有各朝各代、各家各派对经典的解读。因此到了后来，经典及其解读也洋洋洒洒，蔚为大观了。

正因为如此，就不断有人提出"重读经典""重拾经典"的观点，从而发展出最根本的针对古代儒家经典的学问，这就成了一门专门考据治经的学问，称为"朴学"。朴学讲究资料的收集和证据的罗列，上承汉儒，主张无征不信——没有确切的出处就不主张。狭义地说，陈廷敬一再宣称自己研究的，就是这门学问。

但是，任何历史都是当代史。前面说过，清朝因为"以小族凌大国"，所以对思想方面的控制极严。这直接导致清朝从前期开始在学问方面就极不自由，而当几次大规模的"文字狱"发生之后，整个学术界就更是"万马齐喑"了。为了不触怒当权者，大家只能把精力投入到不会出问题的考据训诂学上。文人好面子，称之为继承北宋的实体达用之学，命名为"实学"。不过，在清初，实学最初面世时，是抱着革新儒学的目的的。我们先来看看实学的代表人物，他们是顾炎武、黄宗羲、王夫之。再看看实学的核心宗旨：经世致用（要史学经世，明经致用）。从中便不难明晓实学究竟是要干吗的，一句话，学问必须有用于国事。所以，实学直接的斗争对象就是程朱理学和阳明心学，认为这些学术空泛而且无用。不过实学和朴学之间的定位也有交叉的地方，以致到现在还有人就顾炎武是实学的代还是朴学的代表，争论不休。但有一点是毋庸置疑的,即清初的山西是这方面学术的重镇所在。

之所以说山西是清初实学研究的重镇所在,是因为山西出了位了不起的人物,他就是傅山,傅青主。

傅山的事迹我就不多啰嗦了,清初六大思想家之一,顾炎武以弟子礼事之,并为了多加请教而在山西长住。因此要说当时山西不是实学的发展根据地,我是不信的。

陈廷敬信不信?

从陈廷敬"病休"之中的所思所为,或可探寻一二。陈廷敬中进士后,被选为庶吉士,越二年,授检讨。当时在职场已历练五年,刚刚二十五

傅山

岁的陈廷敬于"康熙元年（1662），以病请假回籍"（《午亭文编·遵例自陈疏》，卷30），三年后，即"（康熙）四年，补原官"（《清史稿》本传卷267）。也就是说康熙四年（1665），陈廷敬假满返京，补授内秘书院之检讨原官职行事。这一年他二十八岁。对陈廷敬"病休"三年之疑，值得分析者有三：一是，陈廷敬所得之病，其前后之记述，语焉不详，只言"病"，不言何病之有。况且，若有真需三年调治之疾，为何不在名医云集之京师求诊？二是，三年回籍，为的是治病，但从其遗文中，只看到他的一些其他活动，比如侍奉父母、研究学问、曾往洛阳等地游览等，并无求医问药之事。其"病休"简直如同休假一般惬意，这又是何故？三是，从以上两个层面可以推断，陈廷敬之"以病请假回籍"定有不愿示人的缘由。

关于这一点，我们可从以下两方面予以分析，并做适当的猜测：

一方面，他在朝五年中，应该是有思想行为上的大困惑得不到解决，再加上康熙帝玄烨登基（陈廷敬曾参加了这一隆重仪式）之后，时帝年幼（仅八岁），由索尼、鳌拜、苏克萨哈等权臣辅政，其核心统治集团内在矛盾重重，陈廷敬对此深感难以应对，需作认真思索。

另一方面，在朝为官五年，面对的主宰者是满洲权贵集团，从长远而言，他深知，做当朝的京官要比明朝在京为官更难，且是难上加难。自古便有"伴君极险"之说，而今，在他内心深处，不禁感到为难起来，难在不知宦海之深浅。

总之，对于陈廷敬而言，本来就是个涉世未深的年轻人，再加上前述原因，与同年、同僚之交，更须慎之又慎，故以病为名，以作瞻前顾后之思。

反顾陈廷敬入仕之前，曾在府学潞安就读，多次辗转于省城太原参加乡试，定有三两良师益友，因此，在他"病休"三年中，有寻访讨教之举，也就不足为奇了。如时人魏象枢者，山西蔚县人，清顺治三年（1645）进士。曾在朝为高官，与陈廷敬善。此人在官任期间，就曾往祁县丹枫阁与傅山等人聚会酬酢，以求智者贤者指教。故陈廷敬在这个时期，除了向家族宗亲讨教之外，极有可能拜访过省内信得过的智者，向他们征询在朝安身立命之策。此言并非空穴之风，因为在陈廷敬"病休"之时，北方反对清军的义军多有失利，与此同时，一些有名望的大学者则隐居起来，专心治学，傅山便是其中之一。为什么说傅山呢，因为陈廷敬在"病休"期间很可能与傅山有过某种交集。康熙二年（1663），傅山往河南辉县百泉过访孙奇峰，而辉县距阳城可谓近在咫尺，陈廷敬趁此机会去访谒傅山，这种可能性不是没有。也有可能是，陈廷敬往太原访友时顺道去拜望傅山，因为在康熙二十一年（1682）傅山辞世时，魏象枢、陈廷敬所制之祭文中有"儒林恸失其师表兮，四方闻讣而含颦"（《霜红龛集》附录一《祭傅青主先生文》）之言，陈廷敬还特地写了一首诗来悼念傅山，其《与比邻孙侍御怀傅隐君青主》曰："西山出屋角，峰色共东家。墙上频过酒，篱边数见花。岭云连岁晚，乡树极天涯。汾水相思处，残阳几度斜。"（《午亭文编》卷九）言其与傅山深有交往晤谈。由此可以得出一个结论，即陈廷敬的"病休"极有可能是掩人耳目，他利用这难得的三年光阴结交了不少名家贤士，尤其是在学界巨擘傅山那里，获得了几乎影响他一生的治学教益。因为从陈廷敬之后的治学取向来看，其思想观点和方法之大端，多与傅山契合，而此绝非出于偶然。

再看他自己的解释，他说：

> 吾学亦屡变也。其始学诗，当其学诗，而见天下之学无以加于诗矣；其继学文，当其学文，而见天下之学无以加于文矣；其继学道，及其学道，而见天下之学无以加于道矣。

是什么"道"呢？他的治学就是要"探六艺之秘微"，"索乎历代盛衰之故"，以"备国家异时之实用"。

到这里，大家可能会有疑惑：学术史上的派别千千万，这学那学，就算陈廷敬挂着研究经学的名头研究实学，那又怎么样呢？

别急，我们先来看看陈廷敬是怎么做事情的。

陈廷敬是有名的孝子，在籍丁母忧期间，因自己已是朝廷大员、皇帝近臣，所以为避免嫌疑，一直是"不敢以一字通官府，犯礼经不语之戒"。但由于他非常关心家乡的教育情况，当他看到泽州地区教育腐败衰落时，十分痛心，便分别写信给省提学、本地学官以及里中乡绅，希望上下一心，力挽颓风，改变现状。他在《与刘提学书》中首先指出了泽州地区的教育衰落的现状：

> 当泽州盛时，州试童子可二千人，上之学使者千有余人。州所隶县如阳城，试童子可千余人，州再试之，上之学使者亦六七百人，其三县高平、陵川、沁水，悉号为最盛。今泽州应童子试者，不过二百人，阳城四十五人。阳城如此，三县可知矣。一州如此，天下可知矣。学校者，人材之薮渊。人材者，国家之桢干。而一旦衰落至此，是可叹也！

接着，他又分析教育衰落的原因说：

> 凡若此者，其患始于进额之太少，其弊成于请托货赂之公行。今进学额数人耳，而贵富有力之家辄攘之以去，单寒之子淹抑坐叹……司文者既不以教养为心，又从而摧辱之、剥削之，其谓之保等者，取其资，保其不出三等者也。又最甚者，其始故置劣等，扬言于外，不肖州县学官为之通关说，贿而后置之三等，谓之拔等。前此诸公，多有行之者。

这里，他毫不掩饰地揭露了存在于当地教育中的种种贪贿之风，并直接指出"前此诸公，多有行之者"，这就接近于对有关此事的贪腐官吏指名道姓了。最后他要求刘提学"大破情面，力革陋规"，对"前项旧弊，痛加扫除"。

这件事可以说是陈廷敬"做实事"的典型，但处理方法很平常，察其实而言其弊。清代官僚通常都是以这种方法对待这种事的。我们接着看。

康熙二十三年（1694）九月九日（10月16日），陈廷敬被提升为都察院左都御史。都察院是监察机关，专司国家风纪。凡政事得失，职官邪正，有关国计民生利害，均由该院上报皇帝及时纠正。重大刑事案件，刑部须会同都察院、大理寺公审定案。

而康熙二十三年以来，京畿重地"盗窃公行，居民不得安静"。陈廷敬就任左都御史后便设法予以治理。但关于由哪一部门主管此事，朝内意见不一。于是，他上奏皇帝："盖番役在捕营，未必尽得其用，若令五城司坊兼辖，则臣等严饬，使察拿盗贼不法等事，可使人各尽力。"最后康熙帝同意了他的意见，决定今后北京城内的缉拿盗贼事宜，由巡捕营的番役和五城御史共同辖理。此事决定之后，陈廷敬对北京城内的"地方民生利弊莫不留心访察"。访察结果，发现存在的问题很多，便亲自撰写了《严饬禁剔病民十大弊以靖地方以安民生事》，作为都察院的堂示，于康熙二十四年（1695）八月予以发布。所列举的"十大弊"，既包括了盗贼、抄抢等刑事犯罪，也包括了赌博等社会不良习俗和民事纠纷；既涉及民间犯罪，也涉及官吏的不良官风。尤其是对地方官吏的种种不法行为，堂示中揭示甚详，所举"十大弊"中，有关衙门胥吏的就有两弊。其中"禁诬板"一弊指出：

> 每见地方失事，审快四出扉缉。或得一盗，不问真假，先以非刑拷打，授意供板，择人而食，谓之教点。不报真名实姓，止供外号排行。纠党行拿，排闼入户，掠其财资，辱其妻女，诬盗诬窝，蔓引株连。真盗尚无的据，平良早受奇殃。肆毒若斯，真堪发指！

在"禁蠹役"一弊中，陈廷敬进一步指出：

> 每闻积习巨滑，必借衙门为护身符。是以别奸除恶之途，反为丛奸薮恶之地。近见城营司坊等衙门番役总甲皂头人等，积年巨蠹，盘踞衙门，催捕贼盗依此辈为泰山，蓬荜小民畏此辈如猛虎。逢时遇节，宴请馈遗，则违条大事曲为庇护；微嫌小隙，不谙弥缝，

则清白良民诬为逃盗。凡窝盗盗线，城市多事，莫不由此辈平空而生。

在以上的叙述中，我们已经可以看出陈廷敬做事情的出发点比普通官僚要高一截不说，还很有一套方法。把一些有关缉盗的衙门和人员的诬良民为盗、严刑逼供、任意株连、趁机强掠、通盗、窝盗的种种不法行为，揭示得非常彻底，从而抓住了北京城内盗贼横行的根本原因。能够看到并如此详细地揭示出这些弊端，证明陈廷敬做了大量认真细致的调查工作。

康熙二十五年（1696）九月，任都察院左都御史已两年半的陈廷敬，又蒙频繁的升迁。先迁工部尚书，四个月后，即康熙二十六年（1687）二月，又调任户部尚书。当年九月，任户部尚书仅七个月的陈廷敬又调往吏部任尚书。

在工部、户部、吏部尚书任上，陈廷敬仍然和以前一样，清正廉洁，工作务实。他任户部尚书后，曾两次发布《户部堂谕》。在堂谕中，他先晓谕部下，力图建立相互间的信任关系。其中说："每念与诸司共事，贵相信以心，心相信则言易感人。"在相互信任的基础上，他又"与诸司相约"，对于户部的"奏销、考核、赍奏、驳察、地丁、兵马、漕项、监法等项钱粮事务"，一定要"无私欲"，而且还要"业精于勤"。然后他以"正己以勉诸司"，要求"诸司正己以勉诸吏，其有不率者，刑章具存；或有打点官吏，假借名目作为奸弊，恣意招摇……立时参奏。"最后他宣布："如本部堂常随家人、班皂人等，或有交通书吏人等，作为奸弊者，仰诸司一并不时采察申究。"

堂谕，是部门的主要官员针对本部门的问题发布告示，特别是初上任的官员，到任不久，多会以发布堂谕的方式表明态度。大部分官吏的堂谕，多是官样文章，不触及实际问题。而他发布的堂谕，则非常务实。

清朝的政权是一个庞杂的官僚机构，其内外各部、省的各级官吏不仅人数众多而且十分复杂，对这些官吏的管理也存在着诸多问题。陈廷敬任吏部尚书之后，立即以务实的态度对各类问题进行了详细察考，并结合自己平日的了解，于康熙二十六年（1687）十一月末写了《为题明事疏》，上奏皇帝。主要对内外各级、各类情况的官吏补缺问题，指出其中存在的弊病并提出改进意见。另外，他还对举人的裁取问题，"边俸"省份的确定问题，官吏完结钱粮"混行造册"的处罚以及重犯逃脱后有关官、差的处分问题等，提出了切实可行的改革意见。该疏列举事项达十六条之多，有的问题存在于死角，很不易发现；有的问题的存在虽然很不合理，但大家却习以为常。这些，都被陈廷敬挖掘了出来。

康熙二十四年（1685）正月，陈廷敬上《劝廉祛弊详议定制疏》，提出："贪廉者，治理之大关；奢俭者，治理之根柢。欲教以廉，当先使俭……"故建议皇帝从衣冠、舆马、服饰、用具、婚丧之礼等各方面入手，整顿官吏奢华积习，培养其勤俭之风。为了"振兴吏治"，"官奉其职"，同日，他又上《请严考亲民之官以收吏治实效疏》。该疏主要讲一些知府、知州、知县来自捐纳，从未经过考试，多是不通文墨之人，故凡文移（即公文）、簿书、讼诉等事，都只好"假乎胥吏"，自己不能亲自处理。在陈廷敬看来，"自古未有不晓文义之人可以为民父母者也"，故建议"有未经考试遂行捐纳者，于选除之时仍行考试，文义略晓者即与录用，否则且令肄业，听其再试"。对于陈廷敬的这一主张，吏部经部议认为："以前补用人员，从未考试，应不准行。"但康熙帝却不以吏部意见为然，下谕："临民之官若不识字义，何以办理民事而尽职掌？此事着依议。不分捐纳与不捐纳，凡临民之官内，有不识字义者，着该督抚不时实心察参休致。"

在这一年的九月，陈廷敬又连上三疏。其第一疏曰《请严督抚之责成疏》。他在这一奏疏中提出了当时清朝吏治中的一个更重要的问题，即如何加强地方总督、巡抚的责任问题。他认为："今天下之事，系于督抚，督抚之责，在察吏安民。"既然如此，所以"方今要务，在于督抚得人"。督抚的人选是否优良恰当，才是治理天下最重要的问题。陈廷敬认为，督抚要完成自己察吏安民的任务，首先自身要廉。只有"上官廉，则吏自不敢为贪；上官不廉，则吏虽欲为廉而不可得……为督抚者，既不以利欲动其心，然后能正身董吏"。所以他在此疏中最后要求"皇上之考察督抚，则以洁己教吏，吏得一心养民、教民为称职，否则罢黜治罪"。其第二疏名《请议水旱疏》，主要是参奏户部对山东济宁等三县所报水灾，办理拖沓，以致延误了皇帝豁免时间，使得当地百姓蒙受损失。其第三疏名《抚臣亏饷负国据实纠参疏》，内容是参劾云南巡抚王继文，揭发他趁云南结束用兵之际，"亏损国课，几至百万之多"，并有"侵没饷银已九十余万两"之嫌，请皇帝"敕部检查"。由于王继文被弹劾，并被罢官，对整肃吏治产生了良好的效果，"由是风纪整肃，中外大小吏莫不动神惶恐"。

以上种种已经很能说明问题：陈廷敬是一个能办事，会办事的人。我想说明的是，他的这种办事思路，实际上绝对不可能来自于所谓的经学，而只能是实学理念造成的结果。任都察院左都御史后，第一件事就是明确职权范围；所撰"十大弊"堂示对情况的说明几乎可与《狱中杂记》相媲美；亏饷案则根据报表便发现了贪腐。诚然，大部分人认为陈廷敬能做到这些是因为他一直想着民心，说他的内在动力比其他官员强大。但我想说的是，想为百姓做事的官员历史上数不胜数，道德崇高者也是史不绝书，但有几个能有陈廷敬的办事能力？

我们接着看看他做的另外一件事。

康熙二十三年（1684）正月，朝廷调陈廷敬为吏部左侍郎，管右侍郎事。两个月后，康熙帝给了他一个临时任务，即以他为首，同兵部侍郎阿兰泰、刑部侍郎佛伦、都察院左都副御史马世济一起管理"钱法"（关于金属铸币法规的立法和实行）。

钱法，本应由户部和工部专管钱法的机构"钱法堂"管理，为什么康熙帝又要派一个实际是由陈廷敬率领的临时"工作组"去管理呢？这是因为平定三藩之后，全国经济转入恢复和发展时期，货币需求量增大，但却出现了铜钱短缺、钱价太贵的现象，对经济发展和社会稳定影响很大。为此，康熙帝曾三令五申命有关部门设法改变现状，均无效果，最后不得不采取特殊措施，选派他所信任又有能力的人对钱法予以彻底整顿。

陈廷敬在整顿钱法中，先从铸钱局的铸钱入手。他亲自监督，基本清除了铸钱局铸钱过程中的浮收、冒领等积弊，消减了铜耗量，节省了工料。整顿的结果，仅"宝泉局"这个铸钱局，每年就"节省铜八万零七百六十九斤四两有奇，添铸九千二百三十串零七百六十九文有奇。"在整顿铸钱的同时，他又对造成钱贵银贱的原因进行了调查，然后给皇帝上《制钱销毁滋弊疏》：

> 今日民间所不便者，莫过于钱价甚贵。定制每钱一千，值银一两。今则每银一两，仅得钱八九百文，其故由于制钱之少……今乃日少而贵者，盖因奸究不法，毁钱作铜，以牟厚利之所致耳……铜价既贵，奸人争毁制钱以为射利之捷径，鼓铸之数有限，销毁之途无穷，安得不日少而日贵乎？

钱"日少"的原因是"奸究不法"之徒"毁钱作铜"，而当时之律令对毁钱者的惩罚其实很重，但因厚利之所在，并不能禁止，所以陈廷敬又提出了两项至关重要的措施：其一是减轻铜钱的重量，其二是允许百姓开采铜矿。他说：

> 顺治十年因钱贱壅滞，改旧重一钱者为一钱二分五厘，十七年又增为一钱四分，所以杜私铸也。今私铸自如，应改重为轻，则毁钱不禁自绝。产铜之地，宜停收税，听民开采，则铜日多，钱价益平。

康熙帝接到他的上述意见之后，便"疏下部议行"。当年九月，九卿等议复陈廷敬的上疏，认为减轻制钱重量，使得"毁钱为铜既无厚利，则毁钱之弊自绝"。对于铜矿，此后应停其收税，"任民开采，则铜日多而价自平"。关于改铸轻钱问题，自康熙十九年（1680）以来清廷内部就进行过争论，由于陈廷敬的积极倡导，问题终于暂时得到解决。便利民间开采铜铅等矿问题，清朝也制定了八分听民发卖、二分纳官的具体政策。

在货币贵金属化的时代，中国一直都存在着流通货币短缺的问题，不只是清朝如此。后世学者研究，除了陈廷敬提出的"铸铜为器"之外，还有宗教（佛教铸铜像、法器等）原因，对外贸易（周边国家也把中原王朝的流通铜币当作自己的货币）原因和铜产量低下（几大富铜产区几乎都在边疆地带，不是敌占区就是自然环境恶劣）等原因。但是，能够在当时的历史条件下（几乎没有经济学概念），找到最显著的原因并加以解决，陈廷敬实是史上第一人。他之后的雍正朝，出了一个孙嘉淦，以几乎同样的思路，利用云南的铜矿解决了一次钱荒。后世给他的评价非常高，不由得让人为陈廷敬鸣不平。

为什么说这件事最能够说明陈廷敬的治学思路呢，我们来仔细探讨一下：

首先，实验设定条件。亲自监督，清除铸钱局铸钱过程中的浮收、冒领等积弊，消减铜耗量，节省工料。

其次，量化实验结果。一个铸钱局，每年就"节省铜八万零七百六十九斤四两有奇，添铸九千二百三十串零七百六十九文有奇"。别小看这一串数字，百分之九十九的士大夫是不会把数字记录到这么细的。

再次，陈廷敬找到了铜少的经济原因——器值高过币值，所以人们铸铜为器。这是定性。

之后，他做了定量分析。"莫过于钱价甚贵。定制每钱一千，值银一两。今则每银一两，仅得钱八九百文，其故由于制钱之少……"到这里，已经是古人所能做的巅峰（商人例外，但君子不言利，算学又从来不被儒家看重）。

最后，他提出解决办法（经济方面的）。"应改重为轻，则毁钱不禁自绝。产铜之地，宜停收税，听民开采，则铜日多，钱价益平。"由此成为前无古人之官员。

如果把这看成一个实验，俨然是一个条件设定严密、实验思路清晰、实验逻辑缜密、实验结果清晰的完成品。考虑到时代背景，说这是儒家经学背景教育下出来的弟子，我反正是不信。

不论陈廷敬宗的是哪个学派，他的办事能力确实有目共睹，用"出类拔萃"来形容，并不为过。也因此，在这之后，康熙帝在他身上压的担子就越来越多，直到张汧案发生。

张汧，号壸阳，字蕙峰。山西高平人。顺治三年（1646）进士，选内翰林院庶吉士，"散馆"后历任礼部主事、员外郎、江西督粮参议，后升福建布政史。陈廷敬的二女儿嫁给了张汧之子，所以张汧是陈廷敬的亲家。康熙二十五年（1686）十二月，湖广巡抚员缺，康熙帝经过考查，命张汧充任之。未料，张汧到任后，却贪黩无状、任意搜括，曾乘荆南道祖泽深有贪污之嫌，向祖敲诈，"索银一万两"。祖泽深自恃是大学士明珠、余国柱私党，拒绝付钱。张汧怀恨在心，便揭发了祖泽深的贪污问题。祖泽深予以报复，也揭露张汧任福建布政使时，曾亏空藩库银并贪污盐商之银。康熙帝"命色楞额往澉上荆南道祖泽深婪赃各款，并察张汧有无秽迹"，色楞额却"悉为庇隐"，但事情并未结束。

据《康熙起居注》载：康熙二十六年（1687年）十二月十八日，康熙帝在乾清门听政，山西道御史陈紫芝参奏："湖广巡抚张汧居官贪劣，应敕部严处，以为贪官之戒。其保举张汧之员亦应一并察处。"上问曰："张汧居官何如？"吏部尚书陈廷敬奏曰："张汧系臣同乡亲戚，性行向来乖戾。"刑部尚书张玉书奏曰："张汧任事未久，名声甚是贪劣。"左都御史徐乾学奏曰："张汧五月到任，中更文武科场，视事未久，秽声遂已流布，此岂可久居民上？"……上曰："似此贪恶，岂可一日姑容民上？科、道职司耳目，今陈紫芝据实参奏，甚为可嘉。"……尚书科尔坤、佛伦等奏曰："祖泽深口供内巡抚张汧向彼索银一万两，未曾给与，故行题参。色冷格（即色楞额——编者注）等将此等情由不行审明，应交该部一并议处。"上曰："张汧、章钦文（河南巡抚——编者注）贪劣之状，天下人共知，若不严加处分，贪官何所惩戒？色冷格等不从公审理，瞻徇情面，殊为可恶，若不一并议罪，恶人愈无忌惮矣！张汧情罪著直隶巡抚于成龙（字振甲，盖平人，汉军镶黄旗人——编者注）、山西巡抚马奇、副都御史凯音布等再行详审。"

另查《圣祖实录》，亦有类似记载：

山西道御史陈紫芝疏参湖广巡抚张汧莅任未久，黩货多端，凡所有地方盐引钱局、船舶等，无不搜括，甚至汉口市肆招牌亦按数派钱，当日保举之人必有贿嘱情弊，请一并敕部议处。

上述记载是张汧的贪腐劣迹被揭露以及康熙帝决定派员审查的经过。从这些情况看，陈廷敬虽与张汧有姻亲关系，但张汧的犯案与陈廷敬并无任何牵连。但在于成龙审张汧后，张汧的供词中却有两处牵连了陈廷敬。其一，"张汧事发，遣于成龙出往审……张汧遂发高淡人（士奇）、徐东海（乾学）、陈泽州之私，曰：'予已老，为布政足矣，岂敢妄意巡抚，无奈诸公督促之'……"意思是他本来无意争任湖广巡抚，而是受高士奇、徐乾学、陈廷敬三人"督促"而为之的，并交出三人给他的信。其二，据《清史列传》载："法司逮问贪黩劾罢之湖广巡抚张汧，因汧未劾时曾遣人赍银赴京，诘其行贿何人，初以分馈甚众，不能悉数。既而抵出尚书徐乾学、少詹事高士奇及廷敬……"意思是张汧供称他曾派人到京行贿给徐、高及廷敬三人。

因为陈廷敬是康熙帝的近臣，而且刚刚升任吏部尚书，在张汧的供认下，一时间引得朝内众说纷纭。有的官员从不同的动机出发，向皇帝上奏，乘机弹劾陈廷敬。例如时任兵部尚书的张玉书，虽然一向谨小慎微，这时"亦呼其门人在台中者，劾张汧有亲戚在京为之营办，宜穷治。"而与陈廷敬同入直南书房的徐乾学也"贿上左右为上言，张汧用银，又有送银子者，陈廷敬也。收银子者高士奇也，于徐乾学实无涉。"这样一来，陈廷敬"亦大受其伤矣"。甚至因此而"神志摧沮，事多健忘，奏对之顷，失其常度"，并请求辞官回籍。

按照一般情况，陈廷敬有罪无罪，再经过审查，自然会水落石出。然而，据《清史列传》记载："曾奉谕：此案若严审，牵连人多，就已经审实者即可完结。于是置弗问。"《康熙起居注》载其详细情况是：康熙帝于康熙二十七年（1688）年四月二十七日召见审张汧案的于成龙，谕曰："尔等往审此事，须就款鞠问，不可蔓延，若蔓延，则牵累多矣。

倘有别事，尔等即来密奏。后伊等回时，可将张汧举首书札及口供密奏。不欲此事蔓延者，诚恐牵累众人。"另据李光地说："皇上送太皇太后灵在路上，于振甲已为诸公所中，皇上时时叫去，在宫门上骂说他们几个同我读书的人（指徐乾学、高士奇、陈廷敬等——编者注），你必定都要弄去了，为什么呢？……又叫于振甲到宫门说，我左右动得笔的，是徐乾学、陈廷敬、李光地、张英、叶方蔼这几个人，这大文章该是于成龙做，你为什么不做？"于是，张汧案的最后处理结果是：张汧、祖泽深皆定为贪官而治罪，被牵连的徐乾学、高士奇和陈廷敬皆原官解任，仍留京管理修书事务。

事情是非常清楚的。在此案牵连到徐、高和陈廷敬之后，康熙帝就不让于成龙等再深究此事，其目的是为了保护徐、高和陈廷敬三人。因为他们三人都入直南书房，都是康熙帝所器重和善待的人。这样一来，陈廷敬虽然没有被治罪，但由于案子并未审清，陈廷敬到底是否收过张汧的银子，也就未能澄清。

不过，根据当时的实际情况考查，陈廷敬肯定是无辜的。首先，张汧出任湖广巡抚，并非像张玉书的"门人"所说，是陈廷敬为之"营办"的。如果是陈廷敬为之"营办"的话，以当时陈廷敬与康熙帝的密切关系，他完全可以直接向皇帝引荐。但是，前已述及，张汧案被揭发时，康熙帝曾当面问陈廷敬："张汧居官何如？"廷敬回答说："张汧系臣同乡亲戚，性行向来乖戾。"这样的回答完全可以证明，陈廷敬对张并无好感，不可能向康熙推荐张汧，如果他曾推荐过张汧，推荐时肯定不是这样评价张汧。如果当初说了好话，与现在的回答岂非自相矛盾？从陈廷敬的为人处世和品德看，他不会这样。另外一个重要的情况是，张汧系顺治三年（1646）的进士，进入官场比陈廷敬早十数年，不论是阅历抑或社会关系，都比陈廷敬要深。据《清史稿·徐乾学传》载："湖广巡抚张汧亦明珠私人……"而该书的"明珠传"中亦云："蔡毓荣、张汧皆明珠所引荐者也……"这些记载完全能证明张汧系明珠私党，而明珠在康熙二十六年（1687）未被罢官前，官位极高，权倾一时，且结党营私。张汧能升任巡抚，很可能与他有关。

从我们现在的角度看，陈廷敬肯定没有受贿，这一点，康熙本人也是知道的。只看同时被停职的三个人的遭遇就能明白：

康熙二十七年（1688）十月，康熙帝封陈廷敬为二品官才能封赠的"资政大夫"。与陈廷敬同时解职留京的徐乾学和高士奇，其情况却大不相同。康熙二十八年（1689）九月，他二人前后受到弹劾，他们的贪污纳贿等种种劣迹被揭露。康熙帝虽然袒护他们，亦不得不令二人"休致回籍"。当徐乾学离开北京时，陈廷敬却又被重新起用。李光地描述当时的情景说："彼时陈泽州却闭门修书，忧窘异常，上亦知之。故徐健庵（徐乾学字——编者注）方上通州船，而泽州已复职关矣。"

这次风波，对康熙帝来说，是检验了陈廷敬的品德。而且他也表示出对结果很满意，所以从陈廷敬再次起复之后，他分别当了六年的户部尚书，十年的吏部尚书。要知道，这两个位置，一个被称为"大司农"，掌管天下银钱，后世的"清朝第一贪"和珅就一直担任这个职位；另一个则被称为"天官"，掌管全天下官员的铨选。用现代的职务类比，一个是财政部长，一个是组织部长，这可都是贪腐高发区，而陈廷敬却在这两个位置上一坐多年，直到致仕，可见他在康熙心目中有多受信任，也可见他本身的品质有多高洁。但话说回来，这次风波对陈廷敬本人来说，的确让他失去了之前的锋芒。前后对比来看，我们可以明显感觉到他像是失去了动力。

这又是为什么呢？

第五节　事功者独持清德

我们之前说过,越靠近现代,封建制度就越完善,读书人里也就越不容易出神仙,只能出圣人。圣人的标准很高,最后一个达到标准的是王阳明,所以他之后的读书人想成为圣人,最好的方法就是"致君尧舜上"。当然,这里有一个前提,就是私德无亏。

现在我们再来看看张汧案的处理结果,就知道这对陈廷敬的打击究竟有多么大了。不但名声受损——最让人看不起的贪腐,并且明明没做过(我们的分析),却没办法给自己一个清白(皇帝为了平息影响,竟然没有查清楚),等于要终身背着一个黑锅,这个黑锅还影响着自己,导致自己不能实现自己最高的人格理想。这么一来,陈廷敬怎么能不灰心?

于是有人解释,说陈廷敬能走到最后而不昏聩,是因为他和康熙之间相互信任的情感纽带,并振振有词地列举康熙对陈廷敬多么多么的好,多么多么的特殊:

从康熙八年设内书院开始,陈廷敬就一直担任侍读,之后担任侍讲等等,一路直升上去,直到南书房侍值总督,到死都没有离开过康熙身边。

我说这又怎么样呢？清军入关后建立政权，前后二百六十七年，一共只有一个汉官配享太庙，那就是三朝元老张廷玉，所谓"三朝"，恰恰起始于康熙朝。这一点，陈廷敬比不上。同年进入南书房当值的熊赐履，不到五年就成为大学士，陈廷敬用了四十年，不能说这是感情深厚的表现吧？生前身后名，康熙朝最有名的宰相，之前是明珠，之后是李光地；南书房建立之初就扬名的是张英（张廷玉之父）和高士奇，陈廷敬也排不上号。甚至说到感情深厚，康熙朝还有一位富有传奇色彩的白衣卿相伍次友，这更是陈廷敬比不上的。从这些角度来看，这君臣二人之间的感情最初肯定说不上深厚。当然，随着时间的流逝，陈廷敬以自身过硬的素质和品性赢得康熙的信任，另外，时间本身就是一个高效能的武器，让两个人逐渐成为朋友。但非要说陈廷敬就影响了康熙多么多么深，康熙对陈廷敬多么多么好，那是另一回事。

陈廷敬能够一直在康熙身边留下来，不得不说有一点是十分重要的，那就是廉洁。

廉洁这个品质，从打有官员以来就一直被掌权者强调。但也是从打有官员以来，就没几个官员能够做到的，因为这是在和人的本性做斗争。

除非，受过很好的教育，能够解决一般的生活水平需求，以及最重要的，有更高的理想。

康熙元年（1662），陈廷敬归省，其父陈昌期了解了他为官的情况，说："汝清品正尔难得！"康熙四年（1665），陈廷敬还京赴任之时，母亲张氏为他治理行装，告诉他说："汝往哉！吾为汝娶妇嫁女，治装具给资斧焉，慎毋爱官家一钱。"此后其父每有书至，张氏亦必附手书，以勤谨居官为勉，大略曰："吾儿已致身，所宜忘家为国。吾两人犹壮盛，万勿以为念。"廷敬居官兢兢自守，得张氏教诲为多。陈廷敬每想到父母的教诲，辄往往失声痛哭。晚年，他检点自己的一生，清廉自守，果不负父母期望，写诗道："不负当年过庭语，先公曾许是清官。"

从这点来看，清廉作为一种品德，其实很早就在陈廷敬心中扎了根。他在《二钱说》一文中写道：

> 监督从废铜中得古钱数枚，余选其一文曰半两，盖秦钱也。监督曰："人言古钱佩之身吉，请公佩之。"余许诺。又数月余，迁左都御史……局人以铸钱请余视缗，解钱散脱，乱布于席。视毕，局人去，席上隐其一钱。又月余，余晨起理宝泉（局）事，心有触曰："吾誓不受一钱，前后取其二，其何以自明。"立命呼宝泉局吏，喻之意而还之。吏叹息持以去……书其事以自警，名曰二钱说云。

他作为一位二品大员，竟然对两枚制钱这样重视，并且写了文章"以自警"，真正做到了"处脂不染，清操肃然"。

而且他不仅自己廉洁自律，还要推而广之，这就把对廉洁的追求上升到了接近理想的地步。

他任左都御史后的三个月时，清廷"行取知县"，即地方上的州官、县官，经高官保举推荐、考选，然后上调，也称外官"内擢"。他了解到灵寿县县令陆陇其"廉且贤"，清苑县县令邵嗣尧"廉而刚"，便向皇帝奏言："陆陇其、邵嗣尧皆天下清官，虽治状不同，其廉则一。"经陈廷敬的推荐不久，陆、邵"两人皆擢为御史"。对于此事，当时就有人对他说：像邵嗣尧这样的刚毅之人"易折且多怨，恐及公"。他应之曰："果贤与，虽折且怨，庸何伤。"

也就是说，只要这两个"廉"官能够在仕途上有所进步，能够到更大的舞台上展现自己，即使在过程中会得罪人，会牵连到自己这个举荐者，陈廷敬也不怕。

当一个人一直在做一件事的时候，身边的人都会有感觉，都会有判断。"天下第一廉吏"于成龙逝世之后，需要找一个给他作传的，人们都把眼光聚焦到了陈廷敬身上，这恰恰证明了陈廷敬的"廉"早已深入人心。道理很简单：黑道教父出殡，警察不会到场致哀；国王死了，来的都是皇室；一代廉吏去世，要是找个贪官来写传，不是找难堪？千万不要说陈廷敬能写是因为官位——康熙御笔亲题"一代廉吏"，谁能在官位上大得过皇帝？

陈廷敬自居官起，"早夜兢兢，思自淬厉，不徇亲党，不阿友朋，上恐负圣主之殊恩，下欲全微臣之小节"，恪慎勤勉，雅正清廉。他与有"天下廉吏第一"之誉的于成龙也非止有同乡之谊。有一次，陈廷敬见于成龙时，"当公（于成龙）巡抚京畿，逆旅深夜，执余（陈廷敬）手而语，有知己之言"。可见，他们更有知己之谊。因此，陈廷敬在此双重情谊下为自己的同乡知己立传传世，当然格外用心。这篇传记名为《太子太保兵部尚书总督江南江西谥清端于公传》，几近万字，追述于成龙一生功业，结构清晰，字字着实，声情并茂，可称垂世之作。

传文描写于成龙在广西罗城任职时说：

间披草木，入得微径，插篱棘为门牖，虎啸猿掷，白昼行庭中，阳阳穿坏壁去。公即庭中累土为几案，其傍置爨，一釜一盂，炊烟并日，召吏民来前，从容问所苦，喻以急公敬上之义，申令行事，

>吏民皆鸟言咿嘤，与之语心耳。

寥寥数笔，罗城条件之恶劣，于成龙之泰然处之跃然笔端。而其叙写于成龙治理罗城的收效时，则曰：

>每春时，命两猺舁竹兜，行田野中，见力耕者辄呼与语相劳苦，民知公来，皆率妇子环公罗拜，或坐树下，与饮食笑语，欢如家人。嘉其勤而获者，愧其惰者荒芜者。民大劝悔，穗被野，牛羊满山，公以其暇，日增陴浚隍，招民入居。新筑室者，公手书题额或门联以示奖异，立学宫，教民其中，能读书应举者免徭役。

俨然一幅官民谐乐图，不着一言，于成龙治理罗城之实绩尽收眼底。

对于于成龙的"廉"自然是陈廷敬最为留意、用力描写处。传云：

>公自来罗城，从仆皆散去，二仆病不能去，旋亦皆死。罗人怜公，每晨夕视问安否，间敛金钱跪进云："知阿耶苦，我曹供些少盐米费耳。"公笑谢曰："我一人何须如许物，可持归，易甘旨奉汝父母，一如我受也。"众怏怏持去。居数年，家人来罗，人则大喜，奔哗庭中，言："阿耶人来，好将物安家去。"又进金钱如初。公又笑谢曰："此去我家六千里，单人携赀，适为累耳。"麾使去。众皆伏泣，公亦泣，卒不受。

先言其生活之苦，再言其拒谢之婉。数年之后又反复之，一可见于成龙之生计清苦，二可见罗城百姓之有心铭记，三乃见于成龙之高风亮节。然往复之间，于成龙之爱民如子、清廉自守已淋漓尽现。

又如状写其离任罗城一段：

  在罗城七年，迁知合州。公复牒十事上幕府，皆为公。行之，去罗城，罗人遮道呼号，公今去，我侪无天矣。追送数百里哭而还。一眇者独留不去，公问故曰："民习星卜，度公橐中赀不能及千里，民技犹可资以行也。"公感其意，因不遣去，会淫雨赀尽，竟赖其力得达合州。

受百姓之拥护爱戴，堪比前贤。为官一任，竟不能具赀千里，清廉可知。眇者竟而预知，可知于成龙之清廉实为黎民所深知。其淡泊之操，坚危之节，可想而知。

再如状写于成龙逝后一节：

  将军都统察吏来至寝室，皆见床头敝笥中，惟绨袍一袭，靴带二事，堂后瓦瓮，米数斛，盐豉数器而已，无不恸哭失声。士民男女，无少长，皆巷哭罢市，持香楮钱，日至者数万人，下至菜佣负贩，色目番僧，亦伏地哭尽哀。公鞫狱多所平反，衔恩者皆设位于家，至是皆奉以来。榇归，士民数万人步二十里外，伏地哭江干，江水声如不闻。

字里行间已见深情，而于成龙具官之廉、任职之能，于此可尽见，士民的巷哭罢市已是最好说明。

在文末,陈廷敬更不无自豪地说:"天下之所谓廉吏也,皆晋人。"其情可知。

结尾,陈廷敬特意点出了所以立传的缘故,曰:

> 余,公之乡人也,既多贤人之迭出于其乡,而又尝职在史官,亲见闻公之行事,废名臣之烈,湮乡先生之迹,咎莫重焉,故次叙之。传曰:高山仰止,景行行止,虽不能至,然心向往之,余生贤人之乡,而志其操行,亦将以为取斯也。

敬仰推重之情,感激鼓舞之情,志以推扬之情,同乡自豪之情,俱在其中。刘勰有云,"纪传为式,编年缀事,文非泛论,按实而书,岁远则同异难密,事积则起讫易疏,斯固总会之为难也;或有同归一事,而数人分功,两记则失于复重,偏举则病于不周,此又诠配之难……至于寻繁领杂之术,务信弃奇之要,晓其大纲,则众理可贯,然史之为任,乃弥纶一代,负海内之责,而赢是非之尤,秉笔荷担,莫此之劳矣"。

以此观之,陈廷敬之传记,可谓得体。

可这样终身以廉洁自守的陈廷敬,最后却被一桩"莫须有"的案子败坏了清誉,心中滋味可想而知。

儒家讲"修齐治平",我们前面分析过陈廷敬因仕官已不可能成圣,所以他孜孜以求的,实际上是"完人"。

因此他任劳任怨,巅峰时身上背着三个加级,五个加职,四本图书的总裁官——你能想象四个杂志社加出版社的总编辑加社长是同一个人吗？他还要当人大委员长和政府办主任，另加财政部长或组织部长！（还都是"中"字头或"国"字头这样的级别。）我想，假如让我来当，我最少需要二十个秘书，十个助理，一台双核 CPU 的头脑，再加上铁做的双腿和钢做的双手！

最重要的，还要有一颗坚定的心。

可惜，最终还是没做到。

现在回过头来看当年他写的那两首诗，则有了另一番意味。

《阅旧诗有感二首》：

> 枝辞吾岂敢？撼树亦徒然。
> 诗未因官减，名须与世传。

> 生涯同逆旅，晚节谨归田。
> 后五百年外，当为知者怜。

第三章 陈廷敬箴言

上官廉,则吏自不敢为贪;上官不廉,则吏虽欲为廉而不可得……为督抚者,既不以利欲动其心,然后能正身董吏。吏不以曲事上官为心,然后能加意于民;民可徐得其养,养立而后教行。

第三章 树立宣战言

为 人

信以心，心相信则言易感人。

古者衣冠、舆马、服饰、器用，贱不得逾贵，小不得加大。今等威未辨，奢侈未除，机丝所织，花草虫鱼，时新时异，转相慕效。由是富者黩货无已，贫者耻其不如，冒利触禁，其始由于不俭，其继至于不廉。

好尚嗜欲之中于人心，犹水失堤防而莫知所止。

为 学

吾学亦屡变也。其始学诗，当其学诗，而见天下之学无以加于诗矣；其继学文，当其学文，而见天下之学无以加于文矣；其继学道，及其学道，而见天下之学无以加于道矣。

为 政

贪廉者，治理之大关；奢俭者，治理之根柢。欲教以廉，当先使俭。

自古未有不晓文义之人可以为民父母者也。

夫武而不文，其人任卒伍而不足任偏裨，任偏裨而不足任大将者也。

上官廉，则吏自不敢为贪；上官不廉，则吏虽欲为廉而不可得……为督抚者，既不以利欲动其心，然后能正身董吏。吏不以曲事上官为心，然后能加意于民；民可徐得其养，养立而后教行。

早夜竞竞思自淬力，不徇亲党，不阿友朋，上恐负圣主之殊恩，下欲全微臣之小节。

科、道之设，所以广耳目而申献纳，于人才之邪正，吏治之贪廉，事关生民利害者，必正言无隐，而后克副斯职。

果贤与，虽折且怨，庸何伤？

康熙帝对陈廷敬的评价
宽大老成，几近完人。

世传诗赋重，名在独遗荣。去岁伤元辅，连年痛大羹。朝恩葵忠励，国典玉衡平。儒雅空阶叹，长嗟光润生。

清人沈德潜对陈廷敬的评价
五语表其奏疏光明，贤于孔光削草之媚。六语表其持躬洁白，同于寇莱公行己之清。"有官居鼎鼐，无地起楼台"，魏野呈莱公语也。

"扬州八怪"之一金农对陈廷敬的评价
独持清德道弥尊，半饱遗风在菜根。

附录 陈廷敬年谱简编

陈廷敬 字子端，别字樊川，号说岩、悦岩、月岩、午亭、樊川、半饱居士、午亭山人。原籍泽州（今山西晋城市阳城县）。

陈廷敬原名"敬"，顺治十五年（1676年）进士。因同榜有同名同姓者，顺治十六年奏请改名，顺治帝允准，加"廷"字，遂更名为"廷敬"，以与顺天通州人陈敬相区别。

陈廷敬家族于明宣德四年徙居阳城县郭峪里中道庄，距清顺治、康熙时已有二百余年，但户籍仍属泽州，阳城只为寄居地。故陈廷敬考举人、进士时称"泽州陈廷敬"。其父陈昌期，母张氏。弟七人：廷继、廷苂、廷愫、廷宸、廷统、廷弼、廷翰。

明崇祯十一年戊寅（1638），一岁

十一月二十七日（12月31日），生于山西阳城县郭峪里中道庄。

"公生于前戊寅（明崇祯十一年）十一月二十七日（12月31日）

巳时"（李光地《说岩陈公墓志铭》，见雍正《山西通志》卷200，页49—52）

陈廷敬《食榆关驿有老卒语世父侍卿公令乐亭时事》诗云："戊寅吾以降，老大凛百虑。"（《午亭文编》卷3，页18—19）

崇祯十二年己卯（1639），二岁

崇祯十三年庚辰至十五年壬午（1640—1642），三岁至五岁

母张氏口授《毛诗》及《四书》。

"廷敬尚未就外傅，凡四子书、《毛诗》，皆太夫人口授以诵。"（《百鹤阡表》《午亭文编》卷43，页13）

崇祯十六年癸未（1643），六岁

从塾师王先生受句读，从兄学古文。

"吾六、七岁从塾师受句读。吾兄庶常君尤好古文，先太宰公命余从之学。"（《午亭文编》原序，页1）

崇祯十七年甲申（清顺治元年）（1644），七岁

读薛瑄《读书录》，心向慕之。

"河津薛子起而振理学之传，继河汾之业，庶几乎可进于孔子者也。予童稚之年，即知向慕……"（《困学绪言如干则》，《午亭文编》卷24，页1）

"先生平生学术师法河津。河津之学以复性为宗，而文与诗皆雅健绝伦，渊源最正，为紫阳以后一人。先生少刻苦，以正学自命，一以河津为的。其立朝公忠之大节，行己廉慎之清修，言必称先，词自己出，所谓贯文与道而一之者，无愧于河津矣。"（林佶《午亭文编后序》，见《清儒学案小传》卷2）

顺治二年乙酉（1645），八岁

从师修业。

顺治三年丙戌（1646），九岁

从师修业。作《咏牡丹》诗。

《咏牡丹》绝句云："牡丹后春开，梅花先春坼。要使物皆春，定须春恨释。"太夫人异之曰："此子欲使万物皆得其所耶！"（《午亭山人年谱》，转引自刘伯伦著《陈廷敬》，国际炎黄文化出版社2001年版）

"予九岁作牡丹诗，母见而异之。"（《陟屺楼记二十首》自注，《午亭文编》卷12，页23）

顺治四年丁亥（1647），十岁

塾师王先生辞去，从堂兄陈元及父修习。

是年，"塾师王先生……辞光禄鱼山公曰：'是儿大异人，非我所能教也。'光禄公乃命从庶常公学。长公实学于光禄公，渊源授受皆禀自庭闱。"（《午亭山人年谱》）

顺治五年戊子（1648），十一岁

从父及堂兄修学。

顺治六年己丑（1649），十二岁

从父及堂兄修业。姜瓖部将张斗光率众围攻寓所。

顺治七年庚寅（1650），十三岁

从父及堂兄修业。

顺治八年辛卯（1651），十四岁

童子试第一，入潞安府府学。娶妻王氏。

"八年辛卯，十四岁赴试潞安府，以童子第一入州学。""学使者

莱芜公知山人能诗，独不试诗，试五经义，立就。"（《午亭山人年谱》）

"应童子试于潞州，光禄公为诸生，父子皆试於学使者。"

十二月，娶夫人王氏为妻。王氏为明吏部尚书王国光玄孙女。（《午亭山人年谱》）

顺治九年壬辰（1652）至顺治十年癸巳（1653），十五岁至十六岁

在府学修业。

顺治十一年甲午（1654），十七岁

初赴省乡试，未中。

"顺治中，余年十七，省试於太原。"（《午亭文编》卷38，页23）

顺治十二年乙未（1655），十八岁

在府学修业。

顺治十三年丙申（1656），十九岁

在府学修业。长子谦吉生。

顺治十四年丁酉（1657），二十岁

再次参加乡试，中举人。

"顺治中，余年十七，省试于太原……又三年，余再试於乡。"（《郭先生逸事记》，《午亭文编》卷38，页23—24）

顺治十五年戊戌（1658），二十一岁

参加会试，中三甲进士，选取为庶吉士。

四月初五日（5月6日）辛未，"赐殿试贡生孙承恩等三百四十三人进士及第出身有差。"（《世祖实录》卷116，页904）

"十五年戊戌，二十一岁，登孙承恩榜二甲进士，授庶吉士。馆试

御试辄取第一。"（《午亭山人年谱》）

按：据《明清历科进士题名碑录》，陈廷敬中三甲进士第一百九十五名，与《午亭山人年谱》所记"二甲进士"有异。

四月二十一日（5月22日），"谕曰：'朕惟庶常之选，所以储养人才，允宜慎重，故详加简阅，亲行考试，兹取马晋允……山西泽州人陈敬……直隶通州人陈敬等三十二人俱为庶吉士，即传谕吏部遵行。'（《世祖实录》卷116，页905）"

顺治十六年己亥（1659），二十二岁

在庶吉士馆深造，学习满文。奏请改名，奉旨加"廷"字，以与顺天通州陈敬区别。此年前后，与王士禛、汪琬等相聚论诗文。

正月十三日（2月4日）乙巳，"允庶吉士陈敬奏请，更名廷敬，以与直隶庶吉士陈敬同名故也。"（《世祖实录》卷123，页952）

"顺治中，廷敬在翰林。大宗伯端毅龚公以能诗接后进。先生（按指汪琬）与今宰相合肥李公天馥、今户部侍郎新城王公士禛、吏部郎中颍州刘公体仁、监察御史长洲董公文骥及海内名能诗之士，后先来会顾。予亦以诗受知龚公，日与诸子相见於词场。先生初见予诗，大惊，语新城曰：'此公异人也。'盖是时，予年逾弱冠矣。先生虽以诗与诸公游，实已岿然揽古文魁柄，自立标望，抗前行而排后劲，嗫锋蹈坚，腾踔万夫之上。予既感先生知己之言，又方年少志锐，雅不乐以诗人自命，至是始学为文。先生又语人曰：'我固以为异人也。'龚公既殁，诸子或散去或留。"（《翰林编修汪钝翁墓志铭》，《午亭文编》卷44，页10—11）

顺治十七年庚子（1660），二十三岁

在庶吉士馆深造，学习满文。

顺治十八年辛丑（1661），二十四岁

正月初九日（2月7日），参加康熙帝即位大典。三月，充会试同考官。五月，授内秘书院检讨。

"十八年（1661），充会试同考官。"（《清史列传》卷9，页638）

"十八年，充会试同考官，寻授秘书院检讨。"（《清史稿》卷267，页9967）

按：陈廷敬任会试同考官的日期，《清史列传》和《清史稿》均未载。《圣祖实录》：三月初七日（4月5日）"以大学士成克巩为会试正考官，卫周祚为副考官。"（《圣祖实录》[一]卷2，页53。中华书局1980年影印本）故陈廷敬的被任命为同考官，也应在三月初七日。

康熙元年壬寅（1662），二十五岁

因病请假回籍。此年前后，陈廷敬第一部诗集《参野诗选》五卷，刻板刊行。

"康熙元年，以病请假回籍。"（《遵例自陈疏》，《午亭文编》卷30，页9）

"《参野诗选》五卷，清泽州陈廷敬撰，无刻书年月，约康熙间刊。此为编年诗，起戊戌，止壬寅。"（孙殿起《贩书偶记续编》卷14，页235，上海古籍出版社1980年版）

康熙二年癸卯至三年甲辰（1663-1664），二十六岁至二十七岁

在原籍侍养父母。研读薛瑄理学，游故乡山水，赴洛阳等地旅游。

有《午亭诗二十首》等。

"康熙元年……请假回籍，得河津薛文清公之书，专心洛闽之学。"（《午亭山人年谱》）

"七岁，得乡先贤薛文清公《读书录》，遂立志以河津为师"（《国朝名臣言行录》卷6，页25）

三年三月，撰《故曾叔祖处士忠斋公墓碑》。另有《耆卦赋》《河图洛书赋》《伏羲先天策数本河图中五解》《锡土姓说》《河图中五生数解》《伏羲先天卦爻解》等。（《午亭文编》卷21，页2—10）

康熙四年乙巳（1665），二十八岁

假满还京，补授内秘书院检讨原官。

四年，"仍补检讨。"（《午亭文编》卷30，页9）

"四年，补原官。"（《清史稿》卷267，页9967）

康熙五年丙午（1666），二十九岁

任内秘书院检讨。

按：陈廷敬所作诗文甚多，除关系大者外，不录。

康熙六年丁未（1667），三十岁

仍任内秘书院检讨。参与康熙帝亲政大礼。任《世祖实录》纂修官。考察一等称职。诏授文林郎。与王士禛等结为文社。

七月初七日己酉（8月25日），参加康熙帝亲政大礼。（《圣祖实录》[一]卷23，页314）

九月初五日（10月21日），"纂修世祖章皇帝实录……检讨李天馥、陈廷敬……为汉纂修官。"（《圣祖实录》[一]卷24，页328）

有《〈世庙实录〉预纂修恭记二首》诗。（《午亭文编》卷9，页1）

"六年，考察一等称职。"（《午亭文编》卷30，页9）

十一月二十六日（1668年1月9日）诏曰："尔内秘书院检讨加一级陈廷敬……授尔为文林郎。"（《皇城石刻文编》页31）

"是年，龚芝麓尚书约山人同汪苕文（琬）、程周量（可则）、刘公（体仁）、叶子吉（方蔼）、梁四绾（熙）、董玉虬（文骥）、王子底（士禄）、王贻上（士禛）、李湘北（天馥）海内诸名公为文社。"（《午亭山人年谱》）

康熙七年戊申（1668），三十一岁

仍任内秘书院检讨，参与纂修《世祖实录》。为白胤谦《念园存稿》作序。被邀为翟凤翥《涑水编》评阅人。

康熙八年己酉（1668），三十二岁

升国子监司业、内弘文院侍读。内阁中书汪懋麟赞陈廷敬"制诰还三代，辞华继两京"。

"八年，迁国子监司业。"（《清史列传》卷9，页638）

本年，汪懋麟《赠陈子端侍读十六韵》诗中云："翰林非不达，学古独尊荣。晋国推才子，清时翊圣明。赋诗陵太液，簪笔冠西清。制诰还三代，辞华继两京。孟公书札重，元礼楷模成。勋业推前辈，蹉跎愧后生。"（《百尺梧桐阁集》卷7，页18—19）

康熙九年庚戌（1670），三十三岁

任国子监司业。迁内秘书院侍读。授奉政大夫。

"诰封奉政大夫、内弘文院侍读学士。"（《百鹤阡表》，《午亭文编》卷43，页9）

"九年，升内秘书院侍读。"（《遵例自陈疏》，《午亭文编》卷

30，页9）

三月六日（4月25日），康熙旨曰："尔内弘文院侍读陈廷敬……授尔阶奉政大夫，锡之诰命……康熙九年三月初六日。"（《皇城石刻文编》页32）

康熙十年辛亥（1671），三十四岁

改翰林院侍讲，转侍读，升侍讲学士。《八家诗选》刊行，收陈廷敬诗214首。《百名家诗选》刊行，收陈廷敬诗69首。

十年，陈廷敬"改翰林院侍讲，本年转侍读，升侍讲学士。"（《遵例自陈疏》，《午亭文编》卷30，页9）

六月，由王士禛荟萃、吴之振刻印的宋琬、曹尔堪、施闰章、沈荃、王士禄、程可则、陈廷敬、王士禛的《八家诗选》问世。其中陈廷敬《说岩诗选》收诗214首。

是年，魏宪选编、魏氏枕江堂刻本《百名家诗选》印行。其中第16卷是《陈说岩诗选》，选陈廷敬诗69首。有30首是《午亭文编》《午亭集》中没有的。其小引云："余读学士陈说岩先生诗，有情矣，而词敷焉；有力矣，而神存焉……余向读白东谷、程昆仑二公诗，非不居然晋风也，而恬淡幽雅，有道容焉；深奥渊实，有古质焉。以学士（陈廷敬）之才之情，与二公赓和一堂，取中原作者角技量力，吾恐此一鹿也不死于二公，而死于学士矣。搴六朝之旗，树三唐之帜，何多让焉。"（见《四库全书存目丛书》集第397，页165—166）

康熙十一年壬子（1672），三十五岁

任侍讲学士、日讲起居注官。次子豫朋生。

"十一年，纂修《世祖章皇帝实录》告成，（廷敬）加一级食俸。"

(《午亭文编》卷30，页9）

十月十二日（11月30日）癸丑，"以翰林院侍讲学士陈廷敬充日讲起居注官。"（《圣祖实录》[一]卷40，页537）

康熙十二年癸丑（1673），三十六岁

转任翰林院侍读学士。充武会试副考官、武殿试读卷官。王士禛辑《感旧集》，收陈廷敬诗26首。

正月十四日（3月2日），廷敬为轮值起居注官。作《赐石榴子恭纪时侍宴外藩郡王》："仙禁云深簇仗低，午朝帘下报班齐。侍臣早列名王右，使者曾过大夏西。安石种栽红豆蔻，火珠光迸赤玻璃。风霜历后含苞实，只有丹心老不迷。"深得康熙赞赏。（《午亭文编》卷10，页15）

"十二年，考察一等称职，本年转侍读学士。"（《清史列传》卷9，页638）

张英《讲筵应制集序》云："先后同在讲筵者，则泽州学士臣陈廷敬、昆山学士臣徐元文、臣叶方蔼。接天颜于内殿，蒙顾问于黼席，图书、翰墨、貂绮之赐，岁数至焉。"（张英《文端集》卷41，页1—3）

康熙十三年甲寅（1674），三十七岁

任日讲起居注官，翰林院侍读学士。为李霨《山行杂记诗》作序。

康熙十四年乙卯（1675），三十八岁

仍为翰林院侍读学士、日讲起居注官。升詹事府詹事。移居宣武门东街。作《晋国》《赠孝感相公》《同湘北送贻上东归》等诗，撰《祭少师卫公文》。

《晋国》诗云："晋国强天下，秦关限域中。兵车千乘合，血气万方同。紫塞连天险，黄河划地雄。虎狼休纵逸，父老愿从戎。"（《午亭文编》卷11，页9）此诗深得王士禛等赞誉，认为酷肖杜甫之诗。

十四年三月三十日（4月24日），"以翰林院掌院学士熊赐履为武英殿大学士"（《圣祖实录》［一］卷53，页695）廷敬作《赠孝感相公》诗云："十有四载春，惟三月日吉。枚卜择近臣，学士登密勿。搢绅贺于朝，处士庆于室。金曰帝知人，吾等夙愿毕。公无得志容，庭馆转萧瑟。公诚王者佐，生平学稷契。致君慕尧舜，自此见施设。铜扉半夜开，沙堤带月出。暮读书百篇，朝入语移日。劳瘁悯天地，欲使万国活。时方事南征，戎马久未歇。黎元尚疮痍，原野肯骚屑。晴风卷军旗，禾稼委未折。况我仁义师，忍此田间物。公为民请命，闻者啼泪落。数日政事堂，丝纶慰饥渴。中朝相司马，姓字及走卒。身当画凌烟，名其悬日月。昔时同学人，云霄叹蹇劣。"（《午亭文编》卷3，页32—33）此诗确有杜诗之遗响。

按：熊赐履为湖北孝感市人，有善政。

七月二十七日（9月16日），作诗《移居宣武门东街二首》（《午亭文编》卷11，页11；《午亭集》卷19，页9）

十二月十三日（1676年1月27日），"授允礽以册宝，立为皇太子，正位东宫……升内阁侍读学士孔郭岱，翰林院侍读学士陈廷敬并为詹事府詹事。"（《圣祖实录》［一］卷58，页758）

徐乾学《詹事题名记》云："东宫官属，置詹事府以统众务……比皇上继统之十有五年，建立皇储，乃仿旧制，复设是署。泽州陈公来掌詹事，予为赞善，规划制度，一切草创。陈公命予实经理之。"（徐乾学《憺园集》卷26，页20—21）

"十四年,升詹事府詹事,兼翰林院侍读学士。"(《遵例自陈疏》,《午亭文编》卷30,页9)

康熙十五年丙辰(1676),三十九岁

正月,授通议大夫。九月,升内阁学士兼礼部侍郎,充经筵讲官。奉使祭告北镇,途中所作诗编为《北镇集》,李霨、缪彤等作序。

正月十二日(2月25日)圣旨:"尔日讲官起居注詹事府詹事兼翰林院侍读学士陈廷敬……特授尔阶通议大夫。康熙十五年正月十二日。"(《皇城石刻文编》页33)

"十五年,以册立东宫,奉使祭告北镇。"(《遵例自陈疏》,《午亭文编》卷30,页9)

有诗《奉命祭告北镇二首》等。

时任首辅李霨撰《北镇集序》云:"宫詹陈君子端之奉命祭告而东也,余赠其行,有'塞外壮游、奚囊得句'之咏。归而果以一编见示,则往还所得之诗也。余受而读之,穆如忠孝之思,而渢乎雅颂之遗音也,何其盛哉。"(《四库全书存目丛书补编》册78,页457)

缪彤撰《北镇集序》云:"说岩先生奉命祀北镇,事竣还朝,得诗百余首。凡所历塞上名山大川,攒崖峭壁,飞涛怒壑,与夫时序之流连,人物之遗迹,悉举而发之于诗。故其声雄而壮,其词博而丽,其格高而古。"(《四库全书丛目丛书补编》册78,页458)

九月初五日(10月11日),"升詹事府詹事陈廷敬为内阁学士兼礼部侍郎。"(《圣祖实录》[一]卷63,页810)

九月二十九日(11月4日),"以内阁学士兼礼部侍郎陈廷敬充经筵讲官。"(《圣祖实录》[一]卷63,页813)

康熙十六年辛亥（1677），四十岁

任翰林院掌院学士兼礼部侍郎，教习庶吉士。任经筵讲官、日讲起居注官。充《太宗文皇帝实录》副总裁官。历年给康熙帝进讲文史经典，多蒙奖谕赏赐。为李霨《心远堂诗集》作序。

正月十六日（2月17日）"癸巳，以内阁学士陈廷敬为翰林院掌院学士。"（《圣祖实录》[一]卷65，页834）

正月二十三日（2月24日）"庚子，以翰林院掌院学士陈廷敬充日讲起居注官。"（《圣祖实录》[一]卷65，页835）

正月二十九日（3月2日），"命翰林院掌院学士陈廷敬教学庶吉士。"（《圣祖实录》[一]卷65，页836）

四月初六日（5月6日），陈廷敬等讲毕伊尹以割烹要汤，讲章内有"伊尹之在有莘，诸葛亮之在隆中，惟其处而无求，所以出而能任"等语。讲毕，上问曰："诸葛亮可比伊尹否？"廷敬对曰："此一章书是论人臣出处之正。三代以下，亮之出处最正，所以比之伊尹。"上曰："伊尹，圣之任者也，以其君为尧舜之君。亮能之否？"廷敬对曰："先儒谓亮有王佐之才，亮虽不及伊尹，然其学术亦自正大。后世如此等人才诚不易得。但其所遇之时势不同，所以成就不及伊尹。"上曰："然。"（《康熙起居注》，页300）

"本年（十六年），充《太宗文皇帝实录》副总裁官。"（《遵例自陈疏》，《午亭文编》卷30，页9）

九月，"庚辰（初六日），上御懋勤殿，谕讲官喇沙里、陈廷敬、张英曰：'尔等每日进讲，启导朕心，甚有裨益。嗣后天气渐寒，特赐尔等貂皮各五十张、表里缎各二匹。'"（《圣祖实录》[一]卷69，

页 881）

十二月十五日（1678 年 1 月 7 日），陈廷敬上《岁终汇进讲义疏》。

康熙十七年戊午（1678），四十一岁

仍任经筵讲官、日讲起居注官、翰林院掌院学士兼礼部侍郎，教习庶吉士。又入值南书房，充纂修《皇舆表》总裁官、纂修《太宗实录》副总裁。荐王士禛、汪琬。母张氏卒。有《入直南书房纪事》等诗文。

"上留意文学，尝从容问大学士李霨：'今世博学善诗文者孰最？'霨以士禛对。复问冯溥、陈廷敬、张英，皆如霨言。'"（《清史稿》卷 266，页 9952）

"康熙朝名人文诗集，惟泽州、新城及长洲汪氏之所著，为闽人林佶手写，书法妍雅，尤可宝贵。考新城、长洲，盖泽州相国所荐达也。公为学士时，上数问公能文之士，公举王士禛以对，王遂以户部郎中改翰林院侍讲。"（陈康祺《郎潜纪闻》三笔，卷 12，页 869）

"十七年正月，诏举博学鸿儒，廷敬荐原任主事汪琬，召试一等，授编修。"（《清史列传》卷 9，页 638）

"十七年正月，召学士陈廷敬同户部郎中王士禛见于懋勤殿，命各以所作诗进呈，温语良久，至诵廷敬《赐石榴子》诗：'风霜历后含苞实，只有丹心老不迷。'蒙恩褒美。命至南书房撤御膳以赐，内侍赉二题命赋诗，漏下乃退。"（《词林典故》卷 4，页 25—26）

七月二十八日（9 月 13 日）丙寅，"召翰林院掌院学士陈廷敬，侍读学士叶方蔼入值南书房。"（《圣祖实录》[一] 卷 75，页 969）

"十七年，充纂修《皇舆表》总裁官。"（《遵例自陈疏》，《午亭文编》卷 30，页 9）

八月"吴三桂死，永兴解围"（《清史稿》卷6，页98）。九月，陈廷敬作《闻湖南捷音恭和》诗。（《午亭文编》卷12，页14）

"戊午（康熙十七年）九月，上因顺天乡试科场有弊，特命臣象枢、兵部侍郎孔光祀、翰林院学士陈廷敬会同磨勘试卷。"（《魏敏果公象枢年谱》，页40—41，台湾商务印书馆1978年版，页40—41）

十月二十九日（12月12日），母张氏卒，享年五十九岁。汪琬撰《诰封陈母张淑人墓志铭》及《祭陈母张太夫人文》。叶方蔼撰《张太夫人传》。

十二月初八日（1679年1月19日），"兵部尚书王熙丁父忧，翰林院掌院学士陈廷敬丁母忧，吏部奏闻。上谕大学士等曰：'满大臣有丧，特遣大臣往赐茶酒。满汉大臣，俱系一体。汉大臣有丧，亦应遣大臣往赐。著大学士明珠、翰林院掌院学士喇沙里等，携茶酒往赐。'"（《圣祖实录》[一]卷78，页997）

"部议：廷敬母以詹事任封，例不得与祭葬。上曰：廷敬侍从勤劳，其母准以学士品级赐恤。"（《午亭文编》卷43，页10）

康熙十八年己未（1679），四十二岁

回籍葬母，守制。上《谕祭谢恩疏》。

"康熙十八年……以母忧，于本年正月内回籍守制。"（《午亭文编》卷30，页6）

七月初一日（8月6日），上《谕祭谢恩疏》云："奉旨：'陈廷敬侍从勤劳，其母准照学士品级赐恤。钦此。'臣不胜悲恸，不胜感激，恭设香案，望阙叩头谢恩讫。"（《午亭文编》卷30，页6—8）

康熙十九年庚申（1680），四十三岁

在籍守制。作《陟屺楼诗》《陟屺楼记》《百鹤阡记》悼母。拜会阳城学者毕振姬，为其书作序。致书刘提学，主张力革考试陋规。

康熙二十年辛酉（1681），四十四岁

十月下旬返京师。补原官：经筵日讲官，起居注官，翰林院掌院学士兼礼部侍郎。上《遵例自陈疏》。恩封通议大夫。撰《起居注册后跋》及《与汪钝庵书》等。

"十月还京，诣宫门候安。遣张英、高士奇慰问。"（《午亭山人年谱》）

十月二十四日（12月3日），上《遵例自陈疏》云："经筵日讲官起居注翰林院掌院学士兼礼部侍郎臣陈廷敬奏：伏见吏部题准：康熙十八年京察，例应自陈。官员丁忧在籍，服阙到京，即行自陈。臣丁母忧，今年十月二十一日到京，例当备开履历事迹，仰祈睿鉴。窃臣原籍山西泽州人，中顺治十五年进士，选庶吉士。十八年，充会试同考试官，本年授内秘书院检讨。康熙元年，以病请假回籍。四年，仍补检讨。六年，考察一等称职。八年，升国子监司业。九年，升内秘书院侍读。十年，改翰林院侍讲。本年转侍读，升侍讲学士。十一年，纂修《世祖章皇帝实录》告成，加一级食俸。本年充日讲起居注官。十二年，考察一等称职。本年转侍读学士。充武会试副主考，又充武殿试读卷官。十四年，升詹事府詹事，兼翰林院侍读学士。十五年，以册立东宫，奉使祭告北镇。本年，升内阁学士兼礼部侍郎，充经筵讲官。十六年，转翰林院掌院学士兼礼部侍郎，教习庶吉士，充日讲起居注官。本年充《太宗文皇帝实录》副总裁官。十七年，充纂修《皇舆表》总裁官。本年十一月，闻母讣，回籍守制，今服阙到京……"（《午亭文编》卷30，页8—9）

丁巳，"以原任翰林院掌院学士陈廷敬补原官。"（《圣祖实录》[一]卷98，页1239）

十一月十四日（12月23日）癸亥，云南大捷，全省荡平。

十二月初八日（1682年1月16日），"以翰林院掌院学士兼礼部侍郎陈廷敬充日讲起居注官。"（《圣祖实录》[一]卷99，页1244）

十二月二十日（1682年1月28日），献《平滇雅表》。

十二月二十一日（1682年1月29日），"以翰林院掌院学士兼礼部侍郎陈廷敬充经筵讲官。"（《圣祖实录》[一]，卷99，页1252）

十二月二十四日（1682年2月1日），"以滇南荡平，恩封翰林院掌院学士兼礼部侍郎（陈廷敬）通议大夫。"（《午亭文编》卷43，页9）

是年年末，撰《起居注册后跋》（《午亭文编》卷48，页5-6）、《与汪钝庵书》（《午亭文编》卷39，页8）

康熙二十一年壬戌（1682），四十五岁

任经筵讲官，起居注官，翰林院掌院学士兼礼部侍郎。充会试副考官。受命撰拟朝会燕飨乐章。补任撰修《明史》总裁。任撰修《三朝圣训》副总裁官。与王士禛等为文酒之会。有《扈从东巡日纪序》等诗文。患肺病。三子壮履生。

"滇南平，更定朝会燕飨乐章，命廷敬撰拟，下所司肄习。"（《清史稿》卷267，页9967）

甲申（二月初六日），"以吏部尚书黄机、工部尚书朱之弼为会试正考官，翰林院掌院学士陈廷敬、户部左侍郎李天馥为副考官。"（《圣

祖实录》[二]卷101，页11）

五月，为高士奇《扈从东巡日纪》作序。

"甲申（初八日），翰林院请补纂修《明史》总裁叶方蔼员缺。得旨：'此缺著补用陈廷敬。'"（《圣祖实录》[二]卷103，页37）

六月二十九日（8月2日），"学士陈廷敬撰朝会、万寿、元旦、冬至郊庙导引、宴飨、诸王百官谢恩、见朝外藩朝见乐章，计十四章……传旨：'所撰乐章甚佳，翻译符合汉文，着送部具题。'"（《康熙起居注》，页862）

按：《乐章十四章》，全文载《午亭文编》卷1。

"康熙壬戌（二十一年）七月，王文简公士禛、陈文贞公廷敬、徐健庵尚书乾学、王幼华给谏又旦、汪蛟门比部懋麟，集城南山庄，禹慎斋鸿胪之鼎作《五客话旧图》，蛟门为纪卷，藏泽州陈氏。"（陈康祺《郎潜纪闻初笔》卷7，页158）

辛卯（18日），"纂修三朝圣训，以大学士勒德洪、明珠、李霨、王熙、黄机、吴正治为总裁官，内阁学士席柱、王守才，翰林院掌院学士陈廷敬为副总裁官。"（《圣祖实录》[二]卷105，页69）

岁末，陈廷敬有诗《鼻不知臭屺瞻学士颇用嘲谑戏简》，其中云："肺病经寒斗更加。"（《午亭文编》卷13，页17）

康熙二十二年癸亥（1683），四十六岁

仍任经筵讲官、起居注官、翰林院掌院学士兼礼部侍郎，升礼部右侍郎。

二月社日，陈廷敬、王士禛、徐乾学、朱彝尊、姜宸英作社日联句诗。

四月二十三日（5月19日），"升翰林院掌院学士陈廷敬为礼部

右侍郎。"(《圣祖实录》[二]卷109，页112)

"癸亥，擢礼部右侍郎兼翰林院学士，寻转左。太宗、世祖圣训总裁缺，复以命廷敬。学士迁他官仍典书局，自廷敬始。"(雍正《山西通志》卷122，页63)

康熙二十三年甲子（1684），四十七岁

转吏部左侍郎，兼管右侍郎事，仍兼经筵讲官、翰林院学士。特命督理户部钱法。升都察院左都御史，管京省钱法。诰封资政大夫。呈《幸阙里颂》。

正月二十六日（3月11日），"调礼部左侍郎陈廷敬为吏部左侍郎管右侍郎事。"(《圣祖实录》[二]卷114，页117)

三月二十日（5月4日），"上命吏部侍郎陈廷敬、兵部侍郎阿兰泰、刑部侍郎佛伦、都察院左副都御史马世济管理钱法。"(《圣祖实录》[二]卷114，页187)

五月十二日（6月24日），陈廷敬上疏《为清理钱法事》。

八月十七日，陈廷敬上《制钱销毁滋弊疏》。

癸酉（初十日），"升吏部左侍郎陈廷敬为都察院左都御史。"(《圣祖实录》[二]卷116，页214)

九月二十四日（11月1日），陈廷敬"以东巡恩诰封资政大夫。"(《午亭文编》卷43，页9)

十一月二十八日（1865年1月2日），康熙东巡祭孔返京，陈廷敬呈《幸阙里颂》。

康熙二十四年乙丑（1685），四十八岁

任经筵讲官、都察院左都御史，仍管理京省钱法。充纂修《政治典训》

总裁官。为高士奇撰《左国颖序》。

正月二十四日,上《劝廉祛弊详议定制疏》《请严考亲民之官以收吏治实效疏》。

五月十九日（6月20日）,"以大学士勒德洪、明珠、王熙、吴正治、宋行宜,户部尚书余国柱,左都御史陈廷敬为《政治典训》总裁官。"（《圣祖实录》[二]卷121,页273）

八月,撰《都察院堂示为严饬禁剔病民十弊以靖地方以安民生事》。

九月初六日,连上三疏：《请严督抚之责成疏》《请议水旱疏》《抚臣亏饷负国据实纠参疏》。

康熙二十五年丙寅（1686）,四十九岁

仍为经筵讲官、左都御史,迁工部尚书。充《三朝圣训》《政治典训》《平定三逆方略》《皇舆表》《一统志》《明史》总裁官。与徐乾学专理修书馆务。《鉴古辑览》100卷成书,陈廷敬上表。撰写《与徐少宗伯论〈一统志〉书》等。

三月初五日（3月28日）,"命纂修《一统志》,以大学士勒德洪、明珠、王熙、吴正治、宋德宜,户部尚书余国柱,左都御史陈廷敬为总裁官……并命陈廷敬、徐乾学专理馆务。"（《圣祖实录》[二]卷125,页324）

"时纂辑三朝《圣训》《政治典训》《平定三逆方略》《皇舆表》《一统志》《明史》,廷敬并充总裁官。"（《清史列传》卷9,页641）

闰四月十八日（6月8日）,"左都御史陈廷敬、内阁学士牛钮、徐乾学恭捧《鉴古辑览》进呈御览。奏曰：'皇上命编纂《鉴古辑览》,臣等仰承谕旨,汇集成书,共计一百卷,敬呈御览。'"（《康熙起居

注》页1477）

陈廷敬《进〈鉴古辑览〉表》（见《午亭文编》卷32，页2—4）

九月二十六日（11月11日），"丁未，转都察院左都御史陈廷敬为工部尚书。"（《圣祖实录》[二]卷127，页361）

康熙二十六年丁卯（1687），五十岁

调任户部尚书，又调吏部尚书。仍为经筵讲官，侍值南书房，管理修书总裁事务。魏象枢卒，陈廷敬为撰墓志铭。亲家张汧案发。

二月十一日（3月23日），"调工部尚书陈廷敬为户部尚书。"（《圣祖实录》[二]卷129，页384）

九月十三日（10月18日）戊子，"调户部尚书陈廷敬为吏部尚书。"（《圣祖实录》[二]卷131，页409）

陈廷敬撰《资政大夫刑部尚书致仕谥敏果魏公墓志铭》（见《午亭文编》卷44，页1—9）

十一月二十七日（12月31日），陈廷敬五十寿辰。赋《五十初度》诗："华发童心老竟真，自惊身埒老人群。新诗翻许推高适，健笔犹夸属右军。梅柳眼看过至日，犁锄手把向春云。青山举白一浮汝，自此相从已暮曛。"（《午亭文编》卷14，页12—13）

十二月十八日（1688年1月20日），"山西道御史陈紫芝参奏：'湖广巡抚张汧居官贪劣，应敕部严处，以为贪官之戒。其保举张汧之员亦应一并察议。'奏毕，九卿、詹事、科、道遵旨，将色冷格等审来之事看毕入奏。上问曰：'张汧居官何如？'吏部尚书陈廷敬奏曰：'张汧系臣同乡亲戚，性行向来乖戾。'刑部尚书张玉书奏曰：'张汧任事未久，名声甚是贪劣。'左都御史徐乾学奏曰：'张汧五月到任，中更文武科场，视事未久，秽声遂以流布，此岂可令久居民上？'上曰：'似此贪官，当日保举之人不过希图货贿耳，自思亦为大耻，应一并议处，以儆将来。张汧情罪著直隶巡抚于成龙、山西巡抚马奇、副都御史凯音布驰驿速往，再行严审。如果情真，将张汧与穆尔赛同日正法，以为居官贪污之戒。'"（《康熙起居注》，页 1690—1692）

按：张汧为山西省高平市人，陈廷敬之次女嫁张汧之子。

康熙二十七年戊辰（1688），五十一岁

任吏部尚书，管理修书总裁事务。五月，上疏恳请归养老父，诏许解任，乃命照旧管理修书总裁事务。康熙帝谕：张汧案不得蔓延，以免牵累众人。撰《于成龙传》《杜律诗话》等。泽州旱，父陈昌期发藏粟贷民，悉焚贷卷，震动朝野。

五月初二日（5月30日），陈廷敬上《俯沥恳诚祈准回籍以安愚分疏》，中云："臣自念无他材能报塞万一，惟早夜竞竞，思自淬厉，不徇亲党，不阿友朋，上恐负圣主之殊恩，下欲全微臣之小节。乃至积有疑衅，飞语中伤，如前楚抚一案者。汧虽臣戚，泾渭自分，嫌疑之际，尤臣所慎。彼既败事，遂疑及臣，积疑成恨，语涉连染。今幸我皇上日月中天，无幽不烛，既难逃圣主睿鉴之明，复一付盈廷至公之论。虽臣之心迹即此可白，而臣之自处须适所宜。惟当隐退田间……又臣父年八十有一，倚间悬望……伏乞圣心怜悯，准与回籍。"（《午亭文编》卷31，页 10—11）

"法司逮问湖广巡抚张汧，汧曾赍银赴京行贿。狱急，语涉廷敬及尚书徐乾学、詹事高士奇，上置勿问。廷敬乃以父老，疏乞归养，诏许解任，仍管修书事。"（《清史稿》卷 267，页 9967）

编就《御览诗》一书,并为之序。

七月十五日(8月10日),《杜律诗话》二卷撰成。其"自记"云:"予尝见世所传诸家解杜诗,意多不合。故其所说多用己意。又尝妄谓杜诗说之诚难,而律诗尤难。盖古诗如《哀江头》《洗兵马》等篇,文义事实有可推考;律诗则托兴幽微,寓辞单约,说之故尤为难。予既为儿子说杜七言律诗,间录其别于诸家者,以备遗忘,题曰《诗话》……康熙戊辰七月望日,说翁自记。"(《午亭文编》卷49,页1)

十月二十三日(11月15日),授陈廷敬资政大夫。圣旨云:"尔管理修书总裁事务,吏部尚书陈廷敬……特授尔阶资政大夫。"(《皇城石刻文编》,页36)

是岁,泽州旱灾,陈廷敬父陈昌期发藏粟贷民,悉焚贷券。百姓感激,震动朝廷。王熙、李振裕、徐元文、徐乾学、赵士麟等撰惠民碑记其事。

是年,陈廷敬撰《太子太保兵部尚书总督江南江西谥清端于公传》。(见《午亭文编》卷41,页1—31)

康熙二十八年己巳(1689),五十二岁

仍管理修书总裁事务。撰《昆山徐相国贺序》等。

五月初七日(6月23日)乙巳,以"户部尚书徐元文为文华殿大学士。"(《圣祖实录》[二]卷141,页545)陈廷敬撰《昆山徐相国贺序》(《午亭文编》卷36,页11-14)

康熙二十九年庚午(1690),五十三岁

任都察院左都御史,充经筵讲官,兼管修书事。复任工部尚书。充纂修三朝国史副总裁。举陆陇其、邵嗣尧为廉吏。次子豫朋中举。《皇清诗选》收入陈廷敬诗。

二月二十六日（4月5日），"以原任吏部尚书陈廷敬为都察院左都御史。"（《圣祖实录》[二]卷144，页593）

二月二十九日（4月8日），"以都察院左都御史陈廷敬充经筵讲官"（《圣祖实录》[二]卷144，页593）

四月初四日（5月12日），"以大学士王熙为《三朝国史》监修总裁官……左都御史陈廷敬……为副总裁官。"（《圣祖实录》[二]卷145，页599—600）

"上御门召九卿举廉吏，诸臣各有所举。语未竟，上特问廷敬，廷敬奏：'知县陆陇其、邵嗣尧皆清官，虽治状不同，其廉则一也。'乃皆擢御史。始廷敬尝亟称两人，或谓曰：'两人廉而刚，刚易折，且多怨，恐及公。'廷敬曰：'果贤欤，虽折且怨，庸何伤？'"（《清史稿》卷267，《陈廷敬传》，页9969）

七月十日（8月14日），"转左都御史陈廷敬为工部尚书。"（《圣祖实录》[二]卷147，页623）

孙鋐辑《皇清诗选》，收入陈廷敬"有关风教"之诗。（见《四库全书存目丛书》集398）

康熙三十年辛未（1691），五十四岁

仍任工部尚书。任会试正考官，撰《辛未会试录序》。六月，调为刑部尚书。读《汉书》《后汉书》《三国志》，评历史人物，以史为鉴，多有卓见。《尊闻堂集钞》编就，并为之序。撰《刑部堂谕》《汉高帝得天下之正论》及汪琬墓志铭等。

二月初六日（3月5日），"壬戌，以大学士张玉书，工部尚书陈廷敬为会试正考官，兵部左侍郎李光地、兵部督捕右侍郎王士祯为副考

官。"（《圣祖实录》[二]卷150，页662）

"癸亥（6月9日）调刑部尚书杜臻为兵部尚书，工部尚书陈廷敬为刑部尚书。"（《圣祖实录》[二]卷152，页681）

康熙三十一年壬申（1692），五十五岁

任经筵讲官、刑部尚书。八月，父陈昌期卒，回籍守制。特授光禄大夫。弟廷翰卒。

七月二十五日（9月5日），陈廷敬父卒，康熙帝"遣内阁学士兼礼部侍郎臣戴通、内阁学士兼礼部侍郎臣王尹方至廷敬私寓恩赐茶酒。"（《午亭文编》卷43，页10；卷31，页14）

八月十八日（9月28日），"刑部尚书陈廷敬丁父忧，命回籍守制。"（《圣祖实录》[二]卷156，页719）

九月初五日（10月14日）圣旨："尔经筵讲官刑部尚书加二级陈廷敬……兹以克襄公事，特授尔阶光禄大夫。"（《皇城石刻文编》，页37）

康熙三十二年（1693），五十六岁

在籍守制。

十一月，大学士熊赐履为陈昌期撰神道碑。

十二月四日（12月30日），合葬父母于樊山百鹤阡。（《午亭文编》卷43，页10）

康熙三十三年甲戌（1694），五十七岁

在籍守制。起为户部尚书。重修陈氏族谱。次子豫朋中进士，选为庶吉士。

十一月十四日（12月30日），"以原任刑部尚书陈廷敬为户部尚

书。"（《圣祖实录》[二]卷185，页801）

康熙三十四年乙亥（1695），五十八岁

任户部尚书。

康熙三十五年丙子（1696），五十九岁

仍任户部尚书。撰贺《北征大捷作诗二十首》等。与吴琠互赠诗。

六月初八日（7月6日），"甲午，以荡平噶尔丹，王以下文武各官，行庆贺礼。"（《圣祖实录》[二]卷174，页880）陈廷敬撰《北征大捷功成振旅凯歌二十首》。

八月，子壮履，侄随贞、观颙，同举于乡。

九月，吴琠入都，履总宪任。陈廷敬赋《赠铜川都宪》诗。吴琠有《和赠大司农陈说岩》诗。

康熙三十六年丁丑（1697），六十岁

仍掌户部。九月，又充经筵讲官。仍任纂修《明史》总裁官。特授光禄大夫。第三子壮履中进士，选庶吉士。《尊闻堂集》成，姜宸英、赵士麟等作序。撰《圣武雅三篇》《合肥李相国诗序》等。《丁丑诗卷》问世。

六月，"上在畅春苑，出画扇示内直诸臣礼部张英等，命各赋诗。画作二白鹭一青莲华，题曰'路路清廉云。'"（王士禛《居易录》卷28，页26—27）

六月十一日（7月28日），陈廷敬作《丁丑六月十一日奉命题路路清廉画扇》诗："殿阁微凉日，民岩顾念时。画图皆善诱，簪绂有良规。饮露心元洁，含香气未移。年年凤池畔，圣泽本无私。"（《午亭文编》卷17，页4—5）

七月十九日（9月4日），"以平定朔漠并太和殿告成上表行庆贺礼"（《圣祖实录》[二]卷184，页971）。陈廷敬上《大驾三临沙漠平僭逆圣武雅三篇》有序。（《午亭文编》卷1，页22—23）

七月十九日（9月4日），圣旨云："克副度支之任，宜膺锡命之荣。尔经筵讲官户部尚书加四级陈廷敬……特授尔阶光禄大夫。康熙三十六年七月十九日。"（《皇城石刻文编》页38）

《尊闻堂集》成，陈廷敬撰《尊闻堂铭》云："古人于道有见而知，有闻而知，有传闻而知。自孔子殁，七十子散，所见所闻寥寥，千载其谁其见于书者，所传闻异辞。博观而求，约取而思，俨私淑之在兹。吾不幸不生齐鲁及孔子之时。游夏之贤，孰敢等夷。我思其狂，琴张牧皮。俯仰百世，我友我师。既不可得见闻，若传闻者是，亦曰'闻'。是故尊之。"（《午亭文编》卷40，页10）

康熙三十七年戊寅（1698），六十一岁

任户部尚书，经筵讲官。在内廷侍直。仍任纂修《明史》总裁官，又任纂修《平定朔漠方略》总裁。

"康熙三十七年初，始编《亲征朔漠方略》，特命纂修。以臣温达、臣张玉书、臣陈廷敬、臣李光地为总裁官。"（《平定朔漠方略》见《四库全书》册354，页428）

康熙三十八年己卯（1699），六十二岁

仍任经筵讲官、户部尚书，纂修《明史》总裁官、纂修《平定朔漠方略》总裁官。调任吏部尚书。康熙南巡。陈廷敬撰《南巡歌十二章》等。

《南巡歌十二章》有序，见《午亭文编》卷1，页32-42。

十一月初五日（12月25日），"调陈廷敬为吏部尚书……"（《圣

祖实录》[二]卷196，页1065）

康熙三十九年庚辰（1700），六十三岁

任经筵讲官、吏部尚书，侍值南书房。仍为纂修《明史》总裁官、纂修《平定朔漠方略》总裁官。

"三十九年庚辰，六十三岁，赐《点翰堂》匾额。"（《午亭山人年谱》）

陈廷敬上《恭进御书点翰堂法帖表》。

康熙四十年辛巳（1701），六十四岁

仍任经筵讲官、吏部尚书，纂修《明史》《平定朔漠方略》总裁官。撰《莱抚抚张先生遗诗序》等。

康熙四十一年壬午（1702），六十五岁

仍为经筵讲官、吏部尚书，纂修《明史》及《平定朔漠方略》总裁官，并总督南书房侍直。《午亭集》成书，金德嘉、曹禾、汪懋麟撰序。曹序称陈廷敬为当代之苏轼。荐查慎行。

"四十一年壬午，六十五岁张文端公致仕。三月，总理南书房。"（《午亭山人年谱》）

"廷敬尝获赐御书'点翰堂'额，时又赐'清立堂'额、'博文约礼'四大字。"（雍正《山西通志》卷122，页65）

"其后圣祖东巡，（查慎行）以大学士陈廷敬荐，诏诣行在赋诗。又诏随入都，直南书房。"（《清史稿》卷484，页13366）

按：《午亭集》卷数，金德嘉序称八十卷；《四库全书总目》称五十五卷；《四库全书存目丛书补编》称三十卷（皆为诗）。

康熙四十二年癸未（1703），六十六岁

仍任经筵讲官、吏部尚书、南书房侍直总督、纂修《明史》及《平定朔漠方略》总裁官。充会试正考官，撰《癸未会试录序》。升任文渊阁大学士。受命祭孔。康熙五十寿辰，上《恭进圣德万寿诗表》《圣德万寿诗》。修葺故里宅第中道庄。

二月初六日（3月22日），"以大学士熊赐履、吏部尚书陈廷敬为会试正考官。吏部右侍郎吴涵、礼部右侍郎许汝霖为副考官。"（《圣祖实录》［三］卷211，页142）会试后，陈廷敬呈进《癸未会试录序》（《午亭文编》卷35，页9-13）

四月二十一日（6月5日）丙申，以"吏部尚书陈廷敬为文渊阁大学士兼吏部尚书"。（《圣祖实录》［三］卷212，页149）

五月，撰《御书千字文跋》《御书后跋》。

八月初四日（9月14日），"遣大学士陈廷敬祭先师孔子。"（《圣祖实录》［三］卷213，页158）

康熙四十三年甲申（1704），六十七岁

仍任文渊阁大学士兼吏部尚书、经筵讲官、南书房总督、《明史》《平定朔漠方略》纂修总裁官。参与纂修《佩文韵府》，为汇阅官。受命祭礼。

八月十日（9月8日），"遣大学士陈廷敬祭先师孔子。"（《圣祖实录》［三］卷217，页193）

康熙四十四年乙酉（1705），六十八岁

任文渊阁大学士兼吏部尚书、经筵讲官、南书房侍值总督、纂修《明史》及《平定朔漠方略》总裁官、纂修《佩文韵府》汇阅官。扈从南巡。康熙赐诗，以房玄龄、姚崇、李白、杜甫比拟陈廷敬。

康熙帝"览《皇清文颖》内大学士陈廷敬所作各体诗，清雅醇厚，非集字累句之初学所能窥也，故作五言近体一律，以表风度：'横经召视草，记事翼鸿毛。礼义传家训，清新授紫毫。房姚比雅韵，李杜并诗豪。何似升平相，开怀宫锦袍。'"（《圣祖仁皇帝御制文集》第三集，卷49，页1—2）

扈从南巡。康熙谕："廷敬老臣，遇宫眷车不须避路。"有《西湖八首》等诗。

康熙四十五年丙戌（1706），六十九岁

为文渊阁大学士兼吏部尚书、经筵讲官、南书房侍值总督、纂修《明史》及《平定朔漠方略》总裁官、《佩文韵府》汇阅官。任纂修《玉牒》副总裁。参与编录《咏物诗选》，康熙作序。受命祭孔。撰《御定全唐诗后序》等。

二月初四日（3月18日）癸巳，"以多罗安郡王马尔浑为纂修《玉牒》总裁官，大学士席哈纳、陈廷敬，礼部侍郎邵穆布、内阁学士赫寿为副总裁官。"（《圣祖实录》[三]卷224，页251）

四月，为重修《泽州府志》撰序，（《泽州府志》卷首，山西古籍出版社2001年版）

八月初二日（9月8日），"遣大学士陈廷敬祭先师孔子"。（《圣祖实录》[三]卷226，页268）

康熙四十六年丁亥（1707），七十岁

仍任文渊阁大学士兼吏部尚书、经筵讲官、纂修《明史》及《平定朔漠方略》总裁官、纂修《玉牒》副总裁、纂修《佩文韵府》汇阅官、南书房侍直总督。第二次扈从康熙南巡。大学士张玉书、李光地等为陈廷敬写祝寿诗文。有《祖德》等诗。

正月二十二日至五月二十二日，康熙帝第六次南巡，陈廷敬为扈从大学士之一。其子陈壮履为扈从官员。

十一月，张玉书、李光地、王鸿绪、吕履恒等为陈廷敬祝七十寿辰。

康熙四十七年戊子（1708），七十一岁

仍任文渊阁大学士兼吏部尚书、经筵讲官、南书房侍值总督、纂修《明史》总裁官、纂修《佩文韵府》汇阅官、纂修《玉牒》副总裁。《平定朔漠方略》成书，陈廷敬等上《进方略表》。奏请致仕，未准。《午亭文编》编就，命门人林佶作序。撰《百鹤阡表》等诗文。

"丁亥（康熙四十六年）十一月，中使转奏衰老乞归。戊子（康熙四十七年）正月具折陈情。上曰：'机务重地，良难其人，不必求去。'"（《午亭山人第二集》卷1，页8）

七月十七日（9月1日），《午亭文编》编就。

康熙四十八年己丑（1709），七十二岁

仍任文渊阁大学士、兼吏部尚书、经筵讲官、南书房侍值总督、纂修《明史》总裁官、纂修《玉牒》副总裁、纂修《佩文韵府》汇阅官。受命祭孔。撰《朱彝尊墓志铭》及《桐城先生挽词四十韵》等。

康熙四十九年（1710），七十三岁

仍任文渊阁大学士兼吏部尚书、经筵讲官、南书房侍值总督、纂修《明史》总裁官、纂修《玉牒》副总裁、纂修《佩文韵府》汇阅官。奉旨编纂《康熙字典》，任总阅官。十一月，致仕。康熙面谕陈廷敬为"极齐全底人。"仍为《康熙字典》纂修总阅官。受命祭孔。第三子翰林院侍读学士陈壮履奉差在外，骚扰地方，被处分。有教子诗《示壮履》及《咏梅图诗》等。吴蔼《名家诗选》选陈诗10首，刘然《国朝诗乘》

选陈诗 29 首。

八月初五日（9 月 27 日），"遣大学士陈廷敬祭先师孔子。"（《圣祖实录》[三] 卷 243，页 413）

十一月初十日（12 月 29 日），"大学士陈廷敬以老乞休，温旨慰谕，命原官致仕。"（《圣祖实录》[三] 卷 244，页 423）

十一月初十日，赴苑中谢准致仕，有诗《苑中谢恩蒙谕卿是老大人是极齐全底人臣感激恭纪二首》。

十二月十一日（次年 1 月 29 日），有《吟梅图诗》，中云："铁干早经霜雪过，冰心应有化工知。"盖自喻也。（《午亭山人第二集》卷 1，页 19）

康熙五十年辛巳（1711），七十四岁

编辑《皇清文颖》，总阅《康熙字典》。五月，再入阁任大学士。邀王士禛、查慎行等为诗文之会。康熙帝赐书"午亭山村"及匾联，查慎行、宋荦等题诗。有《阁中即事二首》等诗。

二月二十二日（4 月 9 日），帝赐"午亭山村"四字，赐联云"春归乔木浓阴茂，秋到黄花晚节香。"谕云："朕特书匾联赐卿，自此不与人写字矣。"（《午亭山人第二集》卷 2，页 14—15）

五月二十八日丙辰（7 月 13 日），"吏部以大学士张玉书员缺，题请补授。得旨：'原任大学士陈廷敬，系年老告休，令暂到衙门，办理事务。'"（《圣祖实录》[三] 卷 246，页 444）

陈廷敬《阁中即事二首》中云："旧时直草依稀在，予告新填两字真。"注云："中书以事见咨，予曰必填予告二字。""莫以头衔溷大官，万钟一介要心安。"注云："典籍以衔名请俸，止之。"（《午

亭山人第二集》卷3，页3）

"大学士陈廷敬，以康熙四十九年致仕。辛卯六月，张文贞玉书薨，命陈复起视事，凡内阁章疏，列名必书予告二字。此既予告而复起者。"（吴振棫《养吉斋丛录》卷1，页7）

康熙五十一年（1712），七十五岁

任大学士、南书房总督、编纂《康熙字典》总阅官。《皇清文颖》书成，陈廷敬上《〈皇清文颖〉告成进呈表》。有《病中作三首》等诗。四月十九日（5月23日）病故。康熙帝有御制祭文及挽诗，并遣皇子代祭。赐治丧银一千两及棺木，遣官护灵回籍。

二月二十七日（4月2日），"二十七日，上御畅春苑澹宁居听政，问中堂温达等：'陈大学士为何不见？'温达回奏：'陈廷敬偶患二便秘结，不曾来，具有折子。今伊子陈壮履在外启奏。'上云：'二便不通，服药难效。坐水坐汤，立刻可愈。'即将坐水坐汤之法向陈壮履说知，俾回去如法调治。传旨着太医院右院判刘声芳速往诊视。"（《皇城石刻文编》页23）

三月上旬，撰成《皇清文颖》，陈廷敬上《〈皇清文颖〉告成进呈表》。

陈廷敬《病中作三首》中云："文章图报国，只此是真诠。"（《午亭山人第二集》卷3，页21）

四月十二日（5月16日），"膳房官赉糟鹿尾、糟野鸡各一盒，关东蜜饯、红果二瓶到寓。传旨云：'不必烦动老大人，交与伊子陈壮履。'并问：'病体若何？'"

四月十三日（5月17日），"赉瀛台红稻米一袋。是日，御医刘声芳启奏：'陈大学士左腮红肿，中气甚虚。'随命声芳带外科二人，速看回奏。漏下三鼓，上犹坐渊鉴斋秉烛以待声芳复奏。又遣声芳及外科赍到御制圣药时，禁城严扃，命内务府总管知会兵部：速启城门送往陈大学士家，沿途如有拦阻者，记名回奏。"（《皇城石刻文编》页23—24）

四月十九日（5月23日），"鄂伦岱、李玉、励廷仪、赵熊诏至榻前，传旨云：'朕日望大学士病体速愈，再佐朕料理机务几年。若事出意外，大臣中学问人品如大学士、可代理内庭事务者为谁？'臣父伏枕感泣，一一奏对如礼。又谕臣壮履云：'倘老大人身后，汝家中有何难处事否？朕自与汝作主，不必忧惧。'时臣父病已危笃，臣等肝肠寸裂，莫知所云，惟以头触地、感激涕零而已。是夜戌时，臣父身故。"（《皇城石刻文编》页24）

"康熙五十一年四月十九日晚，皇上轸念臣父病势危亟，命南书房翰林院侍讲学士励廷仪二十日早至邸寓问臣壮履：'山西有杪板否？杪板用否？'臣壮履伏闻恩旨，感动奏云：'山西杪板不易得，多用柏板。昨晚臣父身殁，现今各处购求材木。蒙皇上念及周身，殁存顶戴。'及廷仪面奏时，上已知臣父身故。向左右近侍云：'不意陈大学士遽尔溘逝，尚有不尽之言未得咨询。'感叹弗置。即遣畅春苑总管头等精奇尼哈番（总兵官）董殿邦，赍赐紫杪板一具。"（《皇城石刻文编》页19）

四月二十日壬申（5月24日），"大学士陈廷敬故。遣皇三子允祉及大臣、侍卫等往奠茶酒，命各部院满汉大臣往吊。"（《圣祖实录》[三]卷250，页475）

四月二十三日（5月27日）乙亥，"御制故致仕大学士陈廷敬挽诗一首，遣乾清门一等侍卫伍格、南书房翰林励廷仪、张廷玉斋赐，并

给治丧银一千两。"(《圣祖实录》[三]卷250，页476)

康熙挽诗云："世传诗赋重，名在独遗荣。去岁伤元辅，连年痛大羹。朝恩葵衷励，国典玉衡平。儒雅空阶叹，长嗟光润生。"(《康熙御制陈廷敬挽诗碑》)

五月二十六戊申(6月29日)，"予故致仕文渊阁大学士兼吏部尚书陈廷敬祭葬，又加祭一次，谥文贞。"(《圣祖实录》[三]卷250，页478)

康熙五十一年七月十六日，传旨："原任大学士陈廷敬灵柩，八月二十四日送还原籍，着照原任大学士张玉书例遣官往送。"(《皇城石刻文编》页29)

(陈廷敬)"享年七十有五，配王氏，封一品夫人。侧室李氏，以子贵，封孺人。子三人：谦吉，监生，江南淮安府同知；豫朋，甲戌进士，选馆，调外，今为仪制司员外郎；壮履，丁丑进士，日讲起居注官、侍读学士，今为编修。女三人：长适张璐，次适张槾，次许张国相，皆宦族。孙八人，女孙十三人。"(李光地：《说岩陈公墓志铭》，雍正《山西通志》卷200，页52—53)

主要参考文献

1 《山西通志》光绪本，曾国荃、张煦等修，上海古籍出版社，1995年版。
2 《阳城县志》，赖昌期修，清同治十三年（1874）刻本影印本。
3 《凤台县志》嘉庆本，李兆洛纂修，上海古籍出版社，1995年版。
4 《清史稿》，赵尔巽等撰，上海古籍出版社，1995年版。
5 《清世祖实录》，陈廷敬等纂修，华文书局，1982年版。
6 《康熙起居注》，中华书局，1984年版。
7 《圣祖仁皇帝实录》，马齐、朱轼纂，中华书局，1985年版。
8 《陈廷敬史实年志》，卫庆怀编著，山西人民出版社，2009年版。
9 《午亭文编》，陈廷敬撰，台湾商务印书馆，1986年版。
10 《午亭山人第二集》，陈廷敬撰，清乾隆七年（1742）

刻本影印本。

11　《柳崖外编》，徐昆撰，吉林大学出版社，1995 年版。

12　《东谷集》，白胤谦撰，齐鲁书社，1997 年版。

13　《寒松堂全集》，魏象枢撰，齐鲁书社，1997 年版。

14　《通志堂集》，纳兰性德撰，上海古籍出版社，1995 年版。

15　《四库全书》，纪昀等撰，线装书局，2007 年版。

16　《文心雕龙》，刘勰著，上海古籍出版社，2008 年版。

17　《晦庵集》，朱熹撰，上海古籍出版社，1987 年版。

18　《国史大纲》，钱穆撰，商务印书馆，1996 年版。

19　《中国古代文体概论》，褚斌杰著，北京大学出版社，1984 年版。